KB190327

Cahier Sauvage 3

사랑과 경제의 로고스

AI TO KEIZAI NO LOGOS

사랑과 경제의 로고스

Nakazawa Shinichi
Cahier Sauvage Series No. 3

| 나카자와 신이치 中沢新一 | 김옥희 옮김 |

동아시아

사랑과 경제의 로고스

초판 1쇄 펴낸 날 2004년 7월 31일
초판 8쇄 펴낸 날 2021년 7월 23일

지은이   나카자와 신이치中沢新一
옮긴이   김옥희
펴낸이   한성봉
편집   김영주, 이둘숙, 심재경
경영지원   국지연
펴낸곳   도서출판 동아시아
등록   1998년 3월 5일 제22-1280호
주소   서울시 중구 퇴계로 20길 31 [남산동 2가 18-9번지]
블로그   blog.naver.com/dongasiabook
페이스북   www.facebook.com/dongasiabooks
트위터   www.twitter.com/dongasiabooks
전자우편   dongasiabook@naver.com
전화   02) 757-9724~5
팩스   02) 757-9726

ISBN 89-88165-45-4 04210
ISBN 89-88165-24-1 (세트)

contents

사랑과 경제의 로고스
―물신 숭배의 허구와 대안

머리말   카이에 소바주Cahier Sauvage에 대해서   006

서장   전체성을 가진 운동으로서의 '사랑'과 '경제'   015

제1장   교환과 증여   035

제2장   순수증여를 하는 신神   057

제3장   증식의 비밀   077

제4장   숨겨진 금에서 성배聖杯로   101

제5장   최후의 코르누코피아   129

제6장   마르크스의 열락悅樂   151

제7장   성령과 자본   179

종장   황폐한 나라로부터의 탈출   198

역자후기 사랑이 깃든 경제의 시대를 향하여   216

머리말

카이에 소바주Cahier Sauvage에 대해서

 다섯 권 예정으로 계속 출간될 카이에 소바주 시리즈는 최근 몇 년 동안의 나의 강의를 기록한 것이다. 매주 목요일 오후에 '비교종교론' 이란 제목으로 주로 대학 2~3학년 학생들을 대상으로 강의했다.

 강의 내용의 기록을 책으로 출간하는 것은 이번이 처음이다. 강의는 강연과는 달리 충분한 시간을 들여 하나의 주제를 전개할 수 있으며, 글을 쓰는 것과 달리 리얼 타임의 비평가로서의 청중이 있다. 청중과의 암묵적 홍정, 관심을 끌기 위한 연기. 이런 심리적인 요소로 인해 강의라는 형식에서는 독특한 즉흥연기가 가능하다. 강의라는 형식을 매우 좋아한다는 걸 나는 최근에야 깨달았다.

 길을 걷고 있을 때나 이야기를 할 때, 동시에 생각을 하는 경우가 많기 때문에 모처럼 떠오른 좋은 아이디어가 그냥 사라져버리곤 하는데, 이런 강의에서는 열심히 기록해주는 학생들이 있었던 덕택에 이야기하면서 떠오른 사고의 비말飛沫은 다행히 소멸을 면할 수가 있었다. 너무 많은 준비를 하면 좋은 강의가 되기 힘들다. 즉흥적인 강의 특유의 활기가 사라져버리기 때문이다. 소재를 선택해서 대강의 코드 진행을 결정하고, 강의의 실마리를 풀어갈 건반의 음높이만 결정해두면, 나머지는 주제가 (잘 풀린다면) 자동적으로 전개되어 간다. 그런 믿음이 흔들리지 않는다면 그 강의 시간은 행복하다. 그러나 한차례 잔잔한 동요가 일 때는 허무감을 느끼며 교단을 떠나게 된다.

이 일련의 강의를 통해, 나는 우리가 살아가는 이 현대라는 시대가 갖고 있는 과도기적인 성격을 밝혀보고자 노력했다. 우리는 과학혁명이라는 '제2차 형이상학 혁명'(이것은 미셸 우엘벡Michel Houelbecq이 『소립자Les Particules Elementaires』에서 사용한 용어다) 이후의 세계에 살고 있다. 그리고 그 세계가 마침내 머지않아 잠재적 가능성의 전모를 드러낼 것으로 여겨지는 다양한 징후들이 나타나기 시작했다.

이 제2차 '형이상학 혁명'이 묘한 성격을 갖고 있다는 점에 대해서는 레비 스트로스가 이미 밝힌 바 있다. 근현대의 과학이 구사해온 사고의 모든 도구는, 1만 년쯤 전에 시작된 신석기 혁명 시기에 우리의 선조에 해당하는 호모 사피엔스 사피엔스가 획득한 지적 능력 속에 이미 전부 준비되어 있던 것이다. 우리의 과학은 기술이나 사회제도, 신화나 제의祭儀 등을 통해 표현되던 그런 능력과 근본적으로 다른 시도를 해본 적이 아직 한 번도 없다. 양자역학과 분자생물학마저도 아직 구석기를 사용하던 3만 년 전의 호모 사피엔스 사피엔스의 뇌에 일어났던 혁명적인 변화에 의해 발생한 것으로, 그런 사고의 직접적인 결실이라고 할 수 있다.

제1차 '형이상학 혁명'에 해당하는 일신교의 성립에 의해 발생한 종교는 신석기 혁명적인 문명에 대한 대규모의 부정이나 억압 위에 성립되었다. 억압당한 '야생의 사고'로 불리는 그런 사고 능력이 제2차 '형이상학 혁명'을 통해 겉포장도 근거도 새롭게 바꾸어 '과학'으로 부활한 것이다. 3만여 년 전에 유럽의 북방으로 거대한 빙하군이 퍼져감으로 해서 인류는 생존을 위해 뇌 안의 뉴런의 접합양식을 변화시키는 데 성공했는데, 현대 생활은 그때 인류가 획득한 잠재 능력을 전면적으로 발휘함으로써 이루어져왔다고 할 수 있다. 그런데 이제는 그 혁명의 성과가 거의 바닥난 것은 아닌가 하는 예감이 확산되기 시작했다.

우리는 이런 과도기에 살고 있다. 제3차 '형이상학 혁명'은 아직 요원한 일이다. 이 시대를 살아가는 지성인에게 주어진 과제는 세례자 요한처럼 영혼의 요르단 강가에 서서 닥쳐올 혁명이 어떤 구조의 혁명이 될지를 가능한 한 정확하게 예측해두는 일일 것이다. 종교는 과학(야생의 사고로 불리는 과학)을 억압함으로써 인류 정신에 새로운 지평을 열었다. 그런 종교를 부정하고 오늘날의 과학은 지상地上의 헤게모니를 획득했다. 그렇다면 제3차 '형이상학 혁명'이 어떤 구조의 혁명이 될지 대강 그 윤곽을 파악해볼 수 있다. 그것은 오늘날의 과학에 한계를 가져온 여러 조건들(기계론적으로 평범해진 생명과학, 분자생물학과 열역학의 불충분한 결합, 양자역학적 세계관이 생활과 사고의 전문야로 확대되지 못하도록 막고 있는 서구형 자본주의의 영향력 등)을 부정하고, 일신교가 개척한 지평을 과학적 사고로 변혁함으로써 가능해질 것이다.

그래서 이 일련의 강의에서는 구석기 인류의 사고에서부터 일신교 성립까지의 '초월적인 것'에 대해 인류의 사고와 관련이 있는 거의 모든 영역에 대한 답파踏破를 목표로 하여, 신화에서 시작해서 글로벌리즘의 신학적 구조에 이르기까지, 무척 자유분방한 걸음걸이로 사고가 전개되었다. 그래서 이 시리즈에는 '카이에 소바주 Cahier Sauvage' 즉 '야생적 사고의 산책'이라는 의미의 제목이 붙게 되었다. 물론 이 제목에 『야생의 사고La Pensée Sauvage』라는 책과 그 책을 저술한 인물에 대한 나 자신의 변함없는 경애와 동경이 담겨 있는 것은 분명한 사실이다. 나는 1970년대까지 전개된 20세기 지성의 달성에 대해 지금도 변함없이 깊은 존경과 사랑을 품고 있으며, 그런 향수가 나를 과거와 연결해주고 있다.

*　　　*　　　*

　　카이에 소바주 시리즈 제3권에서는 새로운 증여론에 대한 탐구를 시도하고자 한다. 증여에 초점을 맞추게 되면, 경제학의 전체적인 구조에 커다란 변화가 일어나게 된다. 이런 현상은 완성된 상태의 일상언어가 아니라, 형성 도중에 있는 유아의 언어나 시적 언어에서 출발하는 언어론이 오히려 언어학의 구조 전체를 뒤엎어가는 현상과 흡사하다고 할 수 있다.

　　경제학은 교환을 토대로 하고 있는데, 교환은 증여의 내부로부터 증여를 물어뜯고 밖으로 튀어나오는 것이다. 그러나 그렇게 해서 튀어나온 후에도, 교환은 증여와 밀접한 관계를 그대로 유지할 뿐만 아니라, 증여의 원리 없이는 존속조차 불가능하게 된다. 이런 현상 역시 성인이 된 후의 정신생활에서 표면적으로는 유아기에 형성되는 무의식을 부정하고 있는 듯이 보이지만, 실제로는 유아적 무의식의 영향을 전혀 받지 않은 의식활동이란 존재할 수 없는 것과 매우 유사한 셈이다. 이제까지 신화적 사고에 대해 탐구해왔던 우리가 이런 방향으로 나아가는 것은 당연하다고도 할 수 있다.

　　증여에 입각해서 경제학과 사회학의 전체적인 체계를 재정립하고자 하는 야심 찬 계획은 1920년대에 마르셀 모스Marcel Mauss에 의해 최초로 시도된 바 있다. 그는 『증여론*Essai sur le Don*』에서, 경제와 정치, 윤리, 미美나 선善에 대한 의식, 이 모든 것을 포함한 '전체적인 사회적 사실fait social total'을 심층에서 조종하고 있는 것은 합리적인 경제활동을 가능하게 하는 교환의 원리가 아니라, '영혼'의 활동을 포함한 채로 진행되는 증여의 원리 안에 있다는 사실을 발견함으로 해서, 자신의 야심을 실현하기 위한 힘찬 첫 발을 내딛었다. 그러나 모스는 결국 그런 야심을 실현하는 데 실패하고 만다. 모스는 증여에 대한 답례(반대급부)가 의무로 변해버림으로써 증여의 사이클이 실현된다고 생각했지만, 그 결과 증여와 교환의 원리상의 구별이 사라져버렸기 때문이다.

그런데 우리는 증여가 극한에 이르렀을 때 순수증여라고 하는 이질적인 원리가 출현한다는 사실을 발견했다. 아무런 답례도 바라지 않는 증여, 기억조차 되지 않는 증여, 경제적 사이클로서의 증여의 사이클을 일탈해가는 증여, 그것을 순수증여라는 창조적 개념으로 발전시킴으로써, 우리는 모스가 좌초했던 지점을 발판으로 삼아 그의 야심을 실현하기 위한 새로운 점프를 시도한 것이다.

그러자 흥미롭게도 경제학에서 말하는 '가치의 증식'에 대한 일관성 있는 이해가 가능해졌다. 뿐만 아니라 증여에 입각해서 바라보면, 경제활동의 토폴로지Topology(《카이에 소바주 시리즈》의 제2권

『곰에서 왕으로』에서, 저자는 토폴로지에 대해 "구체적인 공간이나 도형의 성질을 조사하는 것이 아니라 그것을 끌어당기거나 펴거나 해도 변하지 않는 성질을 조사하는 학문"으로 정의하고 있음—옮긴이)와 정신분석학이 제시하는 마음의 토폴로지가 기본적으로 같은 틀이라는 것도 분명해지게 된다. 말하자면 마르셀 모스와 마르크스와 라캉Jacques Lacan을 하나로 묶는 시도라고 할 수 있는 셈이다. 이런 탐구를 통해서 나는 생시몽Saint-Simon 식의 공상적 사회주의의 신봉자였던 모스와 마찬가지로, 글로벌 자본주의 저편에 출현하게 될 인류의 사회형태에 대한 하나의 명확한 전망을 확보하고자 한 것이다.

그런 소망을 실현시켜 가기 위해서는 모스의 사고에 마르크스와 (라캉에 의한) 프로이드의 사고를 끼워 넣어야 할 필요가 있었다. 사회학적 사고에 결핍되어 있는 것이 있다면, 그것은 '물物Ding(독일어인Ding은 영어의 thing에 해당하는 단어로 하이데거 철학에서 중요한 개념이기도 함. 이 책에서 '물'로 표기된 경우에는 이런 철학적 배경을 가진 개념임. 저자는 『녹색 자본론緣の資本論』에서 '물'의 개념에 대해 상세히 논한 바 있음—옮긴이)'이다. '물'은 증여나 교환, 권력, 지知의 원활한 흐름 등을 가능하게 하는 모든 '사이클'에 대해, 말하자면 수직 방향으로 침입해서 사이클을 절단해버리거나 일탈시키거나 교란시킴으로 해

서, '사이클'의 외부에 다른 실재實在가 움직이고 있다는 사실을 사람들이 실감하게끔 하는 힘을 가지고 있다.

모스의 증여론에 이런 '물'의 차원에 속하는 실재를 끌어들일 필요성을 역설한 것은 「모스 저작집에 대한 서문」을 쓴 레비 스트로스였다. 그는 그것을 '부유浮遊하는 기표記標(시니피앙signifiant)'라고 부르며, 체계의 내부를 유통하고 있는 기호나 가치와 구별하고자 했다. 이 '부유하는 기표'라는 개념이야말로 마르크스가 자본주의의 생명력인 잉여가치의 발생 현장에서 파악하고자 했던 '자본 증식'의 비밀의 핵심과 직접적인 관련이 있는 것이다. 또한 그것은 정신분석학에서 '열락悅樂'의 발생에 관한 문제로 거론되는 것과 동일한 구조를 갖고 있는 것이기도 하다는 사실을 나는 깨달았다. 20세기 후반의 왕성한 지적 활동이 각각의 영역에서 찾아낸 이런 '물의 침입에 의해 변화한 개념'들을 하나의 전체성 안에 통합시킴으로 해서, 나는 금세기의 지성이 발달시켜야 할 문제의 영역에 대한 대강의 밑그림을 그려보고자 했다.

물론 이런 야심 찬 구상을 학부 학생들 앞에서 이야기한다는 것은 무리한 시도라고 생각했다. 따라서 이번만은 실제 강의에서는 하고 싶은 이야기를 훨씬 단순화해서 알기 쉬운 내용으로 바꾸어 이야기하게 되었다. 그렇기 때문에 실제 강의에 참가한 사람은 자신들이 직접 들은 내용과 이번 책의 내용이 상당히 다른 듯한 인상을 받을지도 모른다. 하지만 그때 내가 정말로 이야기하고 싶었던 본심에 해당하는 내용을 이 책에서 있는 그대로 고백하고 있다고 생각하고, 애인의 고백을 듣는 듯한 심정으로 읽어주었으면 한다.

이번에도 강의를 하는 것은 즐거웠다. 자신이 앞을 향해 나아가고 있다는 것을 확인하면서 해나가는 작업이란 어떤 것이든 즐거운 법이다.

나카자와 신이치 中沢新一

서장

전체성을 가진 운동으로서의 '사랑'과 '경제'

Nakazawa Shinichi
Cahier Sauvage Series

욕망을 통해 '사랑'과 '경제'는 연결되어 있다

이번 학기의 테마가 '사랑과 경제'라는 말을 듣고 깜짝 놀란 사람도 있을 겁니다. '사랑과 경제' 중에서 특히 '경제'라는 단어에는 위화감을 느낄 겁니다. '신화학 입문'에서 시작해서 계속 이어지고 있는 이 강의에서는, 동식물을 주인공으로 한 각양각색의 신화와, 눈에 보이지 않는 초월적 세계에 대한 사고법, 현실적인 손익 계산을 초월한 종교적 사고 같은 것만을 취급해왔습니다. 그런데 느닷없이 합리성이나 현실성으로 꽁꽁 뭉친 덩어리처럼 보이는 경제가 이번 강의의 테마라는 말을 듣게 되면, 당황하지 않는 게 오히려 이상하다고 할 수 있겠지요.

그러나 이 세계에 순수하게 합리적인 것은 그 어디에도 존재하지 않습니다. 과학조차도 그렇습니다. 현대과학의 기초를 이루고 있는 것은 수학이라 할 수 있습니다. 하지만 수학의 기초를 깊이 검토해본 결과, 20세기 전반에 이미 모순이 없는 완전한 체계로서 수학을 구축하는 것은 불가능하다는 것을 발견하게 됩니다. 모순이 없는 논리로 이 세계를 포괄하는 것은 불가능합니다. 반드시 그 논리에 부합되지 않는 것들이 있게 마련이죠. 그것도 상당히 많은 수가 말입니다.

게다가 경제 현상을 움직이고 있는 것은 인간의 욕망입니다. 이 욕망이라는 것은 인간의 마음 내면에서 발생하는데, 인간의 마음은 심오하고 어두운 생명의 움직임과 논리적인 기능을 갖춘 '말'이 서로 만나는 장소의 역할을 합니다. 욕망은 그런 마음의 작용 중에서도 생명의 움직임에 가장 밀접해 있는 깊은 층에서 활동하는 것이어서, 그것을 합리적으로 이해하거나 조작하는 것은 도저히 불가능합니다.

그렇기 때문에 경제가 오늘날 생활의 합리성의 기초를 이루고 있는 것처럼 보이지만, 사실은 전혀 그렇지 않습니다. 경제현상의 특성으로 보이는 합리성은 표면에 나타난 가식적인 표정에 불과합니다. 경제는 표면에 가장 가까운 층은 합리성에 의해 포장되어 있지만, 그 뿌리는 어두운 생명의 움직임에까지 연결되어 있는 일종의 '전체성'을 갖춘 현상입니다. 그리고 바로 그 전체성 안의 심층 부분에서 우리가 '사랑'이라고 부르는 것과 융합하고 있습니다. 왜냐하면 사랑도 욕망의 움직임을 통해서 우리들의 세계에 나타나는 것이기 때문입니다.

경제를 경제학의 관점에서만 바라보면 아마 이런 전체성에는 도달하지 못할 겁니다. 우리가 보통 '경제학'이라고 부르는 것은 경제라는 전체성의 운동 중 표면에 가까운 부분밖에 아직 해명하지 못했습니다. 그러나 그렇다 하더라도 '사랑'을 직접적인 대상으로 삼는 학문으로는 정신분석학을 제외하고는 아직 존재한 적도 없지만, 예전보다 상황은 훨씬 나아졌다고도 할 수 있습니다.

우리는 이번 학기의 강의를 통해서 '사랑'과 '경제'가 하나로 융합되는 이 전체성의 운동을 파악하는, 아직은 미지의 영역에 속하는 학문의 입구를 찾는 시도를 해보고자 합니다. 그 입구는 무성한 풀로 뒤덮여 있어 발견하는 데 상당한 어려움이 따릅니다. 하지만 라스코 동굴이나 사해死海의 문서를 발견한 아이들처럼 호기심으로 가득 찬 순수한 마음을 갖고 있으면, 어쩌면 지금까지 사람의 눈에 띄지 않던 입구가 우리 눈앞에 나타날지도 모릅니다. 경제 원리가 압도적인 지배력을 휘두르고 있는 현대의 답답한 상황에서 벗어나기 위해서는, 인식을 토대로 한 이런 방법 이외에 다른 방법은 없을 거라고 생각합니다.

로고스=세계를 전체로서 파악하는 법

그런 이유에서 이번 학기의 강의에는 '사랑과 경제의 로고스'라는 제목을 붙이고자 합니다. 여기서 쓴 '로고스'라는 단어에는 '로고스'의 가장 고전적인 의미가 담겨 있습니다. 현재의 사용법과는 달리 여기서의 '로고스'는 모든 것을 근본에 해당하는 곳에서 통합하는 능력을 나타냅니다. 이 세계를 형성하고 있는 온갖 것들이 여기저기 흩어져서 지리멸렬하게 되는 것을 막아, 전체로서 통합이 이루어지도록 하는 힘을 '로고스'라고 부르고자 하는 겁니다.

　따라서 이 제목에는 '사랑'과 '경제'를 하나의 전체로 통합하는 힘인 로고스가 작용하고 있다는 인식이 드러나 있는 셈입니다. 현재 이루어지고 있는 학문의 대부분은 '경제학'이나 '사회학'과 같은 식으로 구분되어 있는데, 그것들을 전부 통합하고 있는 힘에 대해 논의하고자 할 때는 학문에 대한 이런 식의 구분은 성가신 장애물이 됩니다.

　특히 사랑의 경우, 사랑을 전문으로 취급하는 학문으로는 오로지 '정신분석학' 뿐인데, 정신분석학조차도 사랑에 대해서는 어찌된 일인지 모호한 태도를 취하는 경우가 많습니다. 그렇기 때문에 우리 스스로가 경제학이나 사회학이나 정신분석학의 경계를 뛰어넘어서 그것들을 하나로 이어가는 유동적 지성이 되어, 현재의 상황을 적극적으로 변화시키고자 하는 겁니다.

그렇다 할지라도 '사랑'과 '경제'만큼 결합시키기 힘든 단어도 없지 않을까요? 이 둘은 서로 반대 방향을 향하고 있는 것으로 간주되곤 합니다. 그러나 바로 그런 점이 인간이라는 생물의 불가사의한 부분으로, 이 둘은 반대 방향을 향하고 있기는커녕 같은 부모한테서 태어난 쌍둥이입니다. '경제'의 발달로 '사랑'의 실현이 어려워진 것은 사실입니다. 그렇게 된 진정한 이유를 알기 위해서는 '사랑'과 '경제'는 서로 반발하는 것이라고 처음부터 단정할 것이 아니라, 어째서 형제의 이반離反이 발생하는 것인지, 그 근본 원인을 규명해봐야 하겠지요. 그런 이유로 이제부터 우리는 '로고스'의 탐구를 위한 길을 떠나고자 합니다.

『어린 사환의 신小僧の神』과 중요한 세 가지의 지표

앞에서 '사랑'과 '경제'를 하나로 포괄하는 현대의 학문은 아직 없다는 말을 했는데, 그래도 문학만은 그 특유의 직관력으로 옛날부터 이 문제에 접근해왔습니다. 그런 문학작품 중에서 오늘은 한 편의 소설을 면밀히 검토해보고자 합니다. 검토 대상은 시가 나오야志賀直哉의 유명한 작품 『어린 사환의 신』(1920년)입니다. 이 작품이 선택된 이유는 나중에 좀더 분명하게 밝혀질 겁니다. 그저 지금은 우리가 이번 학기의 강의에서 전개하고자 하는 '교환'과 '증여'와 '순수증여' 즉, 전체성으로서의 경제에 내포되어 있는 세 가지의 중요한 지표가

이 작품에 매우 명확하게 제시되어 있기 때문이라는 점만을 밝혀두기로 하겠습니다.

시가 나오야는 실제로 목격한 사소한 광경에서 착상을 얻어 『어린 사환의 신』이라는 작품을 쓰게 됩니다. 작가가 당시에 유행하던 생선초밥을 파는 포장마차에 있는데, 상점에서 심부름하는 사환으로 보이는 어린 소년이 뭔가 굳게 결심한 듯한 태도로 들어왔습니다. 그는 일단 초밥을 손에 쥐었다가, 주인이 초밥의 가격을 말하자, 도로 그 자리에 놓고는 그냥 가게를 나가버렸습니다. 마침 그 자리에 있었던 작가는 상상력을 발휘해 곧바로 다음과 같은 이야기를 꾸며냈습니다.

저울 가게에서 일하는 어린 점원 센키치仙吉는 선배들이 새로 생긴 한창 유행하는 포장마차형 초밥집에 대해 이야기하는 것을 듣고 귀가 솔깃해졌습니다. 그런 이야기를 하는 선배들이 무척 어른스러워 보이기도 했고, 그토록 맛있다는 초밥이 얼마나 맛있는지 먹어보고 싶은 마음이 뒤섞여, 호기심으로 가득 차 있는 상태였습니다.

그러던 어느 날, 심부름을 나간 센키치는 바로 그 소문난 초밥집 앞을 지나가게 됩니다. 주머니에는 4전밖에 없었지만, 어떤 마력에 이끌린 것처럼, 그는 휘청거리는 걸음으로 빨려 들어가듯이 초밥집으로 향했습니다.

바로 그때 초밥집에는 젊은 국회의원 A가 차례를 기다리며 서 있었습니다. 그는 요리사 바로 옆에 앉아 즉석에서 만든 초밥을 맛볼 수 있게 해주는 포장마차 초밥의 감칠맛에 대해 동료 의원에게 들은 적이 있습니다. 그래서 자신도 한번 먹어보고 싶어서 그 자리에 와 있었던 겁니다.

초밥집에 들어온 소년은 A를 밀치듯이 앞으로 다가가 우선 김밥을 주문합니다. 그런데 주인이 오늘은 김밥이 준비가 안 됐다고 말하자 "초밥을 먹는 것이 처음이 아니라는 듯이 약간은 과감하고 기세 좋게 손을 뻗어 세 개쯤 놓여 있는 참치초밥 중의 하나를 집었던" 겁니다. 손을 뻗을 때의 기세에 비해서 쭈뼛거리며 도로 손을 집어넣는 소년의 모습을 A는 예리한 눈으로 관찰하고 있었습니다. 가게 주인이 틈을 주지 않고 "하나에 6전이다"라고 말했습니다. 그러자 소년은 손에 쥐었던 초밥을 잠자코 원래 있던 자리에 도로 내려놓고 밖으로 나가버렸습니다.

그 광경이 상당히 인상적이었기에 A의 기억에는 선명하게 남아 있었습니다. 어느 날 저울을 사러 가게에 들어간 그는 그 가게에 센키치가 있는 걸 발견합니다. 그는 어떻게든 그 소년에게 실컷 초밥을 먹이고 싶다는 생각을 하게 됩니다. 그래서 지배인에게는 거짓으로 주소와 이름을 써주고, 센키치에게 새로 산 저울을 배달해달라고 부탁했습니다. 센키치가 요구대로 저울을 어느 운송회사에 맡기고 나자, A는 센키치에게 뭔가 맛있는 걸 사줄 테니까 따라오라고 했습니다.

A는 센키치를 밖에서 기다리게 하고 단골 초밥집으로 들어가서 충분한 돈을 건네주고, 소년에게 실컷 초밥을 먹여 달라고 부탁했습니다. 그런 다음 A는 뭔가 나쁜 짓이라도 하고 있는 듯이, 그곳에서 도망치듯 나가버렸습니다. 혼자 남은 센키치는 실컷 초밥을 먹어볼 수 있었지만, 이 수수께끼 같은 사건으로 마치 여우에게 홀린 듯한 기분이었습니다.

신의 번민

그런데 그 자리에서 도망치듯이 사라진 A의 가슴은 마치 파도가 이는 것처럼 울렁거렸습니다. 뭔가 묵직한 것에 짓눌린 듯한 느낌이 줄곧 사라지지 않는 것이었습니다. 그때의 심정을 시가 나오야는 다음과 같이 표현하고 있습니다.

A는 묘하게 쓸쓸한 느낌이 들었다. 자신은 얼마 전에 소년의 불쌍한 모습을 보고 진심으로 동정을 했다. 그래서 가능하면 이런 식으로 해주고 싶다고 생각했는데 오늘 우연히 기회가 주어져 실행에 옮길 수 있었던 것이다. 소년도 만족했을 터이고, 그러니 나 자신도 만족해도 좋을 것이다. 남을 기쁘게 해준다는 것은 나쁜 일이 아니다. 나는 당연히 어떤 기쁨을 느낄 만한 자격이 있는 셈이다. 그런데 어찌 된 일일까? 왜 이렇게 묘하게 쓸쓸한 느낌이 드는 걸까? 이런 느낌은 어디서 비롯되는 걸까? 마치 남몰래 나쁜 짓을 했을 때의 느낌과 비슷하다.

어쩌면 나 자신이 좋은 일을 했다는 우쭐한 마음을 갖고 있어서, 본래의 진정한 마음이 그런 의식을 비판하고 배반하고 비웃기 때문에 이런 쓸쓸한 느낌이 드는 건 아닐까? 자신이 한 일을 좀더 가볍게 그리고 마음 편하게 생각하면, 사실 아무렇지 않을지도 모른다. 그런데 자신도 모르게 자꾸만 구속을 받고 있다. 하지만 부끄러운 일을 한 것이 아닌 건 분명하다. 적어도 불쾌한 느낌을 갖고 있지는 않아도 좋을 듯하다고 그는 생각했다.

한편 센키치도 생각에 잠겨 있었습니다. 그 손님이 도대체 누구인지 무척 궁금했던 겁니다. 그 손님은 자신이 선배들의 이야기를 엿듣고 포장마차식 초밥집에 관심을 가지고 있었다는 사실도, 그리고 그 초밥집에 갔다가 창피를 당했다는 사실도 전부 알고 있었기에, 자신을 동정해서 그런 호의를 베푼 것 같다는 생각이 들었던 겁니다. "아무래도 그것은 사람이 한 일이 아닌 것 같다. 신일지도 모른다. 아니면 신선일 것이다. 어쩌면 칠성님일지도 모른다고 생각했다." 상당히 멋쟁이 칠성님이라는 생각이 들기도 했지만, 그래도 뭔가 '초자연적인 존재'가 자신을 지켜보고 있다는 확신이 센키치의 마음속에서 점점 강해졌습니다.

A는 소년을 데리고 갔던 단골 초밥집에 가 볼 엄두도 내지 못하고 있었습니다. 한편 소년은 자신을 지켜보고 있는 초자연적인 존재인 '그 손님'을 생각하고 격려와 위안을 받고 있었습니다. "그는 언젠가는 '그 손님'이 생각지도 않은 선물을 가지고 자기 앞에 나타날 거라고 믿고" 있었습니다.

저울가게의 어린 사환 센키치와 국회의원 A

전체성의 경제학으로

이 소설의 결말에 작가는 다음과 같은 말을 덧붙여놓았습니다.

> 작가는 여기서 붓을 놓기로 하겠다. 사실은 소년이 '그 손님'의
> 정체를 확인하고 싶은 마음에서 지배인한테서 주소와 이름을 알
> 아내서 찾아가는 내용을 쓰려고 했다. 소년은 그곳에 가봤다. 하
> 지만 그 주소에는 사람의 집은 없고, 작은 칠성당이 있었다. 소년
> 은 깜짝 놀랐다. ─ 이런 내용으로 쓰려고 생각했다. 그러나 그렇
> 게 쓰는 것은 소년에 대해 좀 잔인하다는 생각이 들었다. 그래서
> 작가는 더 이상 전개시키지 않고 붓을 놓기로 했다.

이 소설은 단순한 듯하지만 매우 심오한 내용을 담고 있습니다.
특히 여기에는 근대사회에서 이루어지는 '증여'의 어려움과 불가능
함과 같은 것이 산뜻한 필치로 묘사되어 있습니다. '신'이라는 표현
도 나옵니다. 이것을 문학비평에서처럼 은유와 같은 것으로 이해할
수도 있겠지요. 하지만 실제로는 그런 것이 아니라, 경제라는 사실을
전부 포괄한 '신의 개념'의 근원적인 부분과 관련이 있다는 느낌을
받기도 합니다.

우리는 이 강의에서 '신'을 둘러싼 신학적 사고와 '돈'을 둘러
싼 경제학적 사고가 심층에서 하나로 이어져 있다는 것을 확인하게
되겠지만, 그때가 되면 지금 여기서 말한 내용이 결코 과장이 아니라
는 것을 이해할 수 있게 될 겁니다.

따라서 작가가 이 작품에서 표현하고자 하는 것이 무엇인지를

완전히 이해하기 위해서는, 우리는 경제학이나 철학이나 인류학적인 사고 등을 총동원해야만 합니다. 경제학적인 사고를 동원하더라도 수박 겉핥기식으로는 어림없습니다. 경제학적인 사실을 인간성과 연관된 광활한 영역으로 연결해갈 수 있는 사고가 필요합니다.

결국 우리는 출발점에 서자마자 곧바로 확대된 '전체성의 경제학'을 필요로 하게 되는 셈입니다. 왜냐하면 이 소설에서도 가르쳐주고 있듯이, 근대에 들어선 이후에도 여전히 경제에는 항상 '신'이라는 문제가 함께 대두되어 왔으니까요.

'교환' '증여' '순수증여'

이 소설에는 사람이 '물'을 매개로 해서 서로 관계를 맺어가는 세 가지 양식이 등장합니다. 이 세 양식은 우리가 경제라는 전체성의 현상을 이해할 때 필요한 지표가 되는 것으로, '교환'과 '증여'와 '순수증여'라고 불리는 것입니다.

우리 모두가 그렇듯이, 이 소설의 등장인물은 전부 근대적 형태의 '경제'의 세계에 휘말려 있는 상태입니다. '경제'의 세계를 지배하고 있는 것은 '교환' 원리입니다. 초밥집에서 6전으로 가격을 정한 초밥을 먹기 위해서는, 손님은 그 대가로 6전을 지불해야 합니다. 상품과 등가等價의 돈을 지불하지 않으면 교환은 발생하지 않습니다.

이런 교환 원리는 사회의 모든 영역에서 철저하게 작동하고 있습니다. 어떤 가치를 가진 상품을 손에 넣기 위해서는, 그 상품과 등가의 가치를 화폐 형태로 가지고 있어야만 합니다. 그곳에는 등가교환이라는 장애물이 도처에 설치되어 있습니다. 어린 사환 센키치는 그 장애물을 넘을 수 없었던 겁니다. 그렇기 때문에 손에 집었던 초밥을 내려놓고 밖으로 나가야만 했던 셈이지요.

그런데 그 모습을 지켜보고 있던, 작가의 분신이라고 할 수 있는 국회의원 A는 소년의 처지를 불쌍히 여겨, 아무런 보답이 없는 '증여'를 하고 싶다는 생각을 하게 됩니다. 교환이 설정한 냉엄한 장애물을 넘을 수가 없어서, 교환의 고리 밖으로 튀어나갈 수밖에 없었던 소년을 더욱 큰 고리인 '증여의 고리' 안으로 끌어들이려고 생각한 셈이지요. 그렇게 해서 불쌍한 소년에게 기쁨을 선사하고 싶었던 A는 교묘한 방법으로 그것을 실행에 옮깁니다. 신중하게 자신의 정체를 알 수 없도록 하고(자신의 정체가 밝혀져 답례를 받게 되는 사태가 발생하는 걸 피하고 싶었기 때문이겠지요), 소년이 그렇게 먹고 싶어하던 초밥을 실컷 먹을 수 있는 상황을 자연스럽게 만들어주고, 자신은 몰래 사라지려고 했던 겁니다.

그런데 거기서부터 A의 번민이 시작됩니다. 그는 자신이 한 행동에 대해 보답이 불가능하도록 완벽한 상황을 만들어서 '증여'를 실현했습니다. 그것은 정말 완벽하다는 표현이 딱 어울릴 정도로 깔끔하고 도시都市적인 방법이었습니다. 무엇보다도 소년은 친절한 그 '손님'의 정체를 전혀 알 수가 없으므로, 답례를 할 방법이 없습니다. 이것은 그야말로 신에게만 가능하다고 하는 '순수증여'와 매우 유사한 방법입니다. 그런데 그 점이 오히려 A를 고통스럽게 합니다.

신도 아닌 인간이 전혀 보답을 바라지 않는 순수증여를 '흉내'내는 경우, 그것은 종종 '선행'이라는 이름으로 불리며 타인의 상찬賞讚을 받곤 합니다. A는 마음속에 들려오는 "다른 사람에게 상찬을 받고 싶어서 그런 증여 행위를 한 것은 아닌가?" 혹은 "신이나 부처 앞에서 선행을 쌓기 위해서 그런 행동을 한 것은 아닌가?"라는 양심의 목소리로 인해 고통을 받게 되었던 겁니다.

그는 아내에게 고통을 호소합니다. "나 같은 소심한 인간이 경솔하게 그런 짓을 하는 게 아니었어." 보답을 기대하지 않는 증여는, 교환에서는 절대로 발생하지 않는 이런 묵직한 기분을 인간에게 느끼게 하는 경우가 있습니다.

한편 똑같은 상황이 소년에게는 다른 식으로 받아들여집니다. 신비한 체험을 통해서 그는 묘한 확신을 갖게 되었습니다. 즉 어떤 범상치 않은 존재가 자신의 운명을 관찰하고 있으며, 자신을 동정해 곤란에 처했을 때는 틀림없이 생각지도 않은 은혜를 베풀어 도와줄 거라는 확신이지요. 정체모를 '어떤 손님'이 했던, 보답을 바라지 않는 증여 행위는 신과 인간 사이에만 발생할 수 있는 순수증여로 잘못 받아들여진 것입니다. 그렇게 해서 A는 그야말로 '어린 사환의 신'이 됩니다. 바로 이런 사태야말로 국회의원 A가 두려워하던 사태가 아니었을까요?

A는 내면의 양심으로부터는 선행에 대한 상찬을 기대하고 있는 게 아니냐는 비난을 받고 있으며(즉 전혀 순수증여가 아니라는 비판을 받고 있는 셈입니다), 소년의 사고는 자신을 신의 위치로까지 끌어올릴 가능성마저 있습니다. 신도 아닌 인간이 경솔하게 감히 보답이 발생하지 않는 증여를 시도해서는 안 됩니다. 게다가 소심한 사람이라면 더욱이 섣불리 그런 행위를 해서는 안 되지요.

소년에게서 언젠가 답례를 받아 '증여의 고리'를 완성시킬 수 있는 방식으로 A가 초밥을 사주었다면 별 문제가 없었을지도 모릅니다. 하지만 그런 방식으로는 이상주의자의 취향을 가진 그를 만족시킬 수 없었을 겁니다. 왜냐하면 다른 사람에게 어떤 물질을 선물했다가 그 사람으로부터 또다시 물질로 답례를 받는다면, 그것은 단지 교환을 지연시킨 것에 불과하다는 생각이 들기 때문이지요. A는 교환과 순수증여 사이에서 분열을 일으키고 있습니다. 말하자면 공중에 붕 뜬 상태가 되어 괴로워하고 있는 겁니다. 고통이나 모순이 발생하지 않는 증여라는 것이 과연 존재하는 걸까요? 존재한다면 어떤 형태를 취해야 하는 걸까요?

증여에 내재되어 있는 해결하기 어려운 문제와 『위조화폐』

근대자본주의는 사회 전역에 교환 원리를 확산시켜, 인간관계를 합리화하고자 노력해왔습니다. 그러나 그 때문에 발생하는 사회적 모순이 소년에 대한 A의 동정을 유발시켰습니다. 그리고 동정은 아무 생각 없이 증여의 원리를 끌어들이고 말았습니다. 그런데 그럼으로 해서 오히려 해결하기 어려운 문제가 발생하게 된 셈이지요. 이 점은 보들레르의 다음 작품을 읽으면 좀더 분명해질 겁니다.

> 우리가 담뱃가게에서 나오자, 친구는 돈을 여기저기 나누어 넣기 시작했다. 그는 조끼 왼쪽 주머니에 작은 은화를 집어넣었다. 오른쪽 주머니에는 작은 은화를, 바지 왼쪽 주머니에는 커다란 동화 한 주먹을, 그리고 마지막으로 오른쪽 주머니에는 특별히 꼼꼼하

게 살펴본 2프랑짜리 은화 한 닢을 넣었다.

'유별나게 꼼꼼한 분류법이로군!' 하고 나는 마음속으로 생각했다.

우리는 한 거지와 마주치게 되었는데, 그 거지는 몸을 떨면서 모자를 우리 쪽으로 내밀었다. 애원하는 눈빛, 그 눈빛을 읽을 줄 아는 민감한 사람에게는, 엄청난 비굴함과 엄청난 비난이 동시에 담겨 있는 그 눈의 무언의 웅변만큼 사람의 마음을 불안하게 만드는 것은 없을 거라고 나는 생각한다. 민감한 사람은 채찍으로 얻어맞는 개들의 애처로운 눈 속에서도 이 복잡한 감정의 심연에 가까운 것을 발견하게 된다.

친구가 거지에게 준 금액이 나보다 훨씬 많았기에, 나는 그에게 말했다. "네가 옳았어. 남이 자기를 놀라게 해주었을 때의 기쁨 다음으로 큰 기쁨은 자신이 남을 놀라게 했을 때라고 할 수 있지".
── "그건 위조화폐였다네"라고 친구는 침착하게 대답했다. 마치 자신의 낭비에 대한 정당성을 변명이라도 하듯이.

하지만 항상 오후 2시가 되어서야 지나간 정오를 아쉬워하곤 하는 나의 번잡한 뇌수 안으로 (왜 이런 쓸데없는 능력을 자연은 나에게 선사해준 걸까!!) 느닷없이 이런 생각이 끼어들었다. 내 친구가 한 행위는 저 불쌍한 사내의 생활에 하나의 사건을 만들어주고 싶은 욕망을 구실로 삼아서, 그리고 아마도 거지의 수중에 있는 위조화폐로 인해 야기될지도 모르는 불행한 결말과 불행하지 않은 결말 등을 포함한 다양한 결말을 알고 싶은 욕망을 구실로 삼음으로 해서, 비로소 명분이 서게 된다는 생각을 하게 된 것이다. 위조화폐가 진짜 화폐가 되고, 화폐의 숫자도 늘어나는 것은 불가능할까? 위조화폐 때문에 그가 감옥에 갇히게 되는 일은 없을까?

예를 들면 선술집 주인이나 빵집 주인이 그를 위조화폐를 만든 사람으로, 혹은 위조화폐를 사용한 사람으로 경찰에 신고하려고 할지도 모른다. 그와 마찬가지로 그 위조화폐가 어떤 잔챙이 투기꾼에게는 부를 손에 넣기 위한 며칠 동안의 밑천이 될지도 모른다. 나의 공상은 그런 식으로 친구의 정신에 날개를 달아, 세울 수 있는 온갖 가정으로부터 예측 가능한 모든 귀결을 끌어내면서 자유분방하게 확산되어갔다.

그러나 친구는 내가 했던 말을 다시 반복하여 느닷없이 나의 몽상을 중단시켜버렸다. "그래, 네 말이 옳아. 상대방이 기대하는 것 이상을 주어서 한 사람을 놀라게 하는 것보다 기쁨은 없지."

나는 친구를 뚫어지게 바라보며, 그의 눈이 명명백백한 순수함으로 빛나고 있는 것을 보고 깜짝 놀랐다. 바로 그 순간 나는 그가 자선을 베풀면서 동시에 유리한 조건의 거래를 하려 했다는 사실을 분명하게 깨달았다. 40수(sou: 프랑스의 화폐 단위로 1수는 5상팀이므로 40수는 결국 2프랑에 해당함—옮긴이)와 신의 마음을 동시에 교묘하게 가로채, 경제적으로 천국을 손에 넣으면서, 자비심 많은 사람이라는 칭호를 아무런 노력도 하지 않고 획득하려 했다는 사실을 깨달은 것이다. 내가 방금 그에게는 그런 능력이 있을 거라고 추정한 것과 같은 성격의 범죄성을 띤 기쁨에 대한 욕망이라면, 나는 그를 용서해주었을 것이다. 가난한 사람을 위험에 빠뜨리고 즐거워하고 있는 그를 보며, 보기 드문 별난 취미라고 생각했을 것이다. 그러나 그의 어리석은 계산만은 절대로 용납하지 않으리라. 악의가 있을 경우에는 절대로 변명의 여지가 없지만, 그래도 자신에게 악의가 있다는 것을 알 때는 약간의 동정의 여지가 있다. 그리고 악덕 중에서도 가장 용서받기 힘든 것은 어리석음 때문에 악을 저지른 경우다. (C. 보들레르, 『위조화폐La Fausse Monnaie』, 『파리의 우울Le Spleen de Paris』에 수록)

『위조화폐』는 『어린 사환의 신』의 반전상反轉像이다

작가의 친구가 주머니 속에 나누어 넣고 있는 동전은 교환의 원리를 상징합니다. 그는 그 중에서 고액의 동전 한 닢을 골라서 구걸을 하는 사내에게 줍니다. 즉 그는 증여를 한 겁니다. 게다가 그것은 답례를 요구하지 않은 증여였습니다. 그 친구는 말하자면 선행을 베풀어서 '천국에 보물을 쌓는' 행위를 한 것처럼 보였기에, 작가의 비판적 정신을 자극했던 셈입니다. 그런데 그의 그런 마음을 간파한 듯이, 친구는 단호하게 잘라 말하는 것이었습니다. "그건 위조화폐라네"라고.

아마도 고액의 동전을 손에 넣은 거지는 무척 기뻐하며 그것으로 상품을 사려고 하겠지요. 요컨대 구걸이라는 증여의 성격을 띤 행위에서 전환해, 교환의 원리가 작용하는 장소로 들어갈 권리를 획득한 셈입니다. 그러나 그가 가게에서 그 동전을 건넨 순간, 거지는 '교환의 고리' 밖으로 내몰리는 운명에 처하게 됩니다. 위조화폐를 사용했기 때문에, 그는 사회적 권리마저 상실하게 될 터이므로, 그 친구는 거지에게 끔찍할 정도로 무서운 증여를 한 셈이 됩니다.

『어린 사환의 신』과 『위조화폐』는 거울의 반전상과 같이 서로를 비추면서, 근대사회 안에서 증여가 처해 있는 극도로 불안정한 입장을 아주 잘 표현하고 있습니다. 그리고 교환의 체계 밖으로 나가는 데는 위험이 따르며, 따라서 교환의 체계에서 벗어난 것은 자신도 모르는 사이에 본래 '신의 영역' 으로 불리던 장소를 향해 접근하게 된다는 것도 잘 묘사하고 있다고 할 수 있습니다. 그런 점에서는 칠성당의 칠성님도, 기독교의 하느님도 똑같은 입장에 처해 있는 듯이 보입니다.

경제의 시대의 저편에 출현하는 것

여기에는 이미 경제적 사실이라는 것이 하나의 커다란 전체성을 이루고 있는 모습이 확실하게 나타나 있습니다. 상품경제를 지탱하고 있는 것은 교환의 원리이지만, 이 교환의 원리는 마치 살을 맞대고 있듯이 증여의 원리와 직접 연결되어 있으며, 증여의 극한에는 신의 영역에 속하는 순수증여의 원리가 나타나게 됩니다. 증여의 원리는 교환이 이루어질 때의 무의식처럼 끊임없이 교환의 체계를 따라다니고, 증여를 둘러싼 사고는 곧바로 순수증여를 둘러싼 종교적 사고를 자신의 내면으로부터 탄생시키게 됩니다.

교환을 합리적인 표음문자라고 한다면, 증여는 이집트의 신비한 히에로글리프hieroglyph와 같은 표의문자에 해당하며, 순수증여는 아무런 의미도 갖지 않는 순수한 기표의 활동으로서 신의 영역에 맞닿아 있는 듯이 느껴지기도 합니다. 경제에 합리성이 존재하는 것은 분명합니다. 그러나 그 합리성이 통용되는 표면 부분을 지탱하고 있는 것은 증여나 순수증여와 같은 불확정성을 포함한 활동을 움직이고 있는, 인간정신의 두터운 지층인 셈입니다. 이렇게 보면 신화학의 탐구에 이어서 경제라는 문제를 논의의 대상으로 삼은 이유도 충분히 납득이 가지 않을까요? 신화적 사고를 움직이던 뇌와 똑같은 인류의 뇌가 경제현상도 움직이고 있는 셈이니까요.

그렇기 때문에 신화나 종교나 철학을 연구하고 있는 사람이 자신의 영역을 뛰어넘어서 경제를 사색의 대상으로 삼을 권리가 충분히 있다고 할 수 있을 겁니다. 오늘날에는 경제가 인간의 삶에 압도적인 영향력과 지배력을 휘두르고 있지만, 이런 시대에도 어두운 그림자가 드리워지기 시작하고 있습니다. 글로벌 경제라는 일원적인 원리가 전 세계를 뒤덮으려 하고 있는 바로 이때에, 증여와 봉사의 중요성이 재인식되고, 새로운 '증여의 철학'에 대한 구상이 요구되기 시작하고 있습니다. 경제의 시대 저편에 무엇이 출현할 것인지를 예견하기 위해서도, 우리가 이 강의에서 시도하고자 하는 탐구는 반드시 필요한 것이 될 겁니다.

Nakazawa Shinichi
Cahier Sauvage Series

I

교환과 증여

Nakazawa Shinichi
Cahier Sauvage Series

전체성으로서의 경제

『어린 사환의 신』과 『위조화폐』, 이 두 텍스트는 우리에게 경제라는 현상을 하나의 전체성으로서 이해해야 한다는 사실을 가르쳐줍니다. 흥미롭게도 두 텍스트 모두 경제라는 전체적 현상이 세 가지의 다른 시스템이 뒤엉킨 구조로 이루어져 있다는 것을 소설가와 시인다운 직관에 의해 묘사하고 있습니다. 그것은 '교환'과 '증여'와 '순수증여', 이 세 개념의 조합에 의해 움직이고 있다고 합니다.

이 세 가지는 뿔뿔이 흩어지지 않도록 서로 단단히 연결된 상태에서 경제활동을 하고 있습니다. 사람과 사람 사이에 '물'을 매개로 한 관계가 성립되기 위해서는 우선 증여의 체제가 작동을 시작해야만 합니다. 앞으로 자세히 검토해나가겠지만, 증여는 사람과 사람 사이에 감정적, 인격적 관계를 맺는 힘을 갖고 있습니다. 바로 이 증여가 아마도 커뮤니케이션 형태로서의 경제의 가장 원초적인 단계를 형성하고 있을 거라고 생각합니다.

교환은 이 증여라는 기초 위에 입각해서 증여를 부정하거나, 다른 조직으로 다시 만들거나 함으로 해서 발생합니다. 따라서 교환의 발생은 증여의 뒤를 이어, 증여를 토대로 해서 이루어집니다. 교환에서는 증여에 비해 사람과 사람 사이를 움직이는 '물'의 이동 속도가 빠릅니다. 그리고 증여에서는 불확정성을 내포한 채 진행되던 것이, 교환에서는 계산하거나 비교하는 행위가 자연스럽게, 그리고 확정적으로 행해지게 됩니다. 여기서부터 조만간 '화폐'라는 것이 탄생하게 되겠지요.

순수증여는 교환이나 증여와는 이질적인 단계에서 일어나는 것입니다. 그것은 정확히 표현하면, 교환이나 증여와 같은 '체제=시스템'을 만들지 않습니다. 실제 '물'의 움직임을 관찰하고 있어도, 그리고 인간행동의 표면을 관찰하고 있어도 '순수증여'의 실체는 전혀 보이지 않습니다. 그러나 그것은 틀림없이 실재하며, 경제라는 전체성 전부를 움직이고 있는 힘입니다. 칸트의 '물 자체Ding an sich'나 라캉의 '현실계現實界(라캉의 정신분석에서 상상계, 상징계와 더불어 인식을 구성하는 세 영역 중의 하나—옮긴이)'와 같은 개념이 이와 유사한 개념입니다. 직접 관찰할 수는 없지만, 증여는 물론이고 증여로부터 발달한 교환도 이 순수증여가 중개 역할을 하지 않으면 꼼짝도 할 수 없는 것이므로, 이것은 '신'이라는 단어가 나타내고자 하는 것과 깊은 관계가 있습니다. 그것이 어떤 작용을 하는 것인지에 대해서는 이제부터 상세히 검토해가기로 합시다.

'보로메오의 매듭'

경제라고 하는 전체성에 있어서는 증여와 교환과 순수증여라는 세 가지의 '체제'가 서로 분리되지 않도록 하나로 단단히 연결되어 있습니다. 그것은 다음과 같은 도식으로 나타낼 수가 있습니다.

정신분석학에 관심이 있는 사람이라면, 이 도식이 마음의 구조를 나타내는 라캉의 '보로메오의 매듭'과 매우 유사하다고 느끼셨을 겁니다. 신기하게도 전체성으로서의 경제를 하나의 토폴로지로 파악하려고 하면, 마음의 구조를 표현한 토폴로지와 완전히 똑같은 구조를 나타내게 됩니다.

이 강의의 목적 중의 하나는 그 이유를 명확히 밝히는 데 있습니다. 그것은 아마도 21세기의 인간과학에 있어서 결정적인 중요성을 갖게 될 거라고 나는 생각합니다.

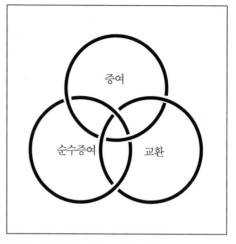

이 도식은 앞으로 강의가 진행됨에 따라 점점 복잡한 요소를 포함하게 되겠지만, 마지막까지 기본적인 구조는 변하지 않습니다. 그럼 이 도식이 구체적으로는 무엇을 나타내고 있는지 이제부터 차분히 이야기해보기로 하겠습니다.

교환의 원리

증여와 교환에 대해 먼저 이야기하기로 합시다. 우리가 살아가고 있는 자본주의 사회는 다양한 종류와 엄청난 수량의 상품의 매매로 이루어집니다. 상품이 판매자의 손을 떠나서 구매자의 손으로 옮겨가면, 곧바로 그 대가가 지불됩니다. 이것은 우리가 다양한 형태의 상점에서 매일같이 체험하고 있는 것입니다. 지불을 지연시키는 것도 가능하지만, 그런 경우라 할지라도 최종적으로는 상품의 가치에 상당하는 대가를 제대로 지불하게 되겠지요.

이 사회에서는 등가교환이 원칙으로 정해져 있습니다. 상품의 가격은 재료비나 인건비, 선전비 등으로부터 계산된 가치를 토대로 결정됩니다. 다소 상하의 폭은 있지만, 등가교환을 원칙으로 삼고 있다는 점에는 변함이 없습니다. 즉 상품사회를 지배하고 있는 것은 '교환의 원리'이며, 그것은 다음과 같은 특징을 가지고 있다고 할 수 있습니다.

(1) 상품은 '물'이다. 따라서 상품에는 그것을 만든 사람이나 전에 소유했던 사람의 인격이나 감정 같은 건 포함되지 않는 것이 원칙이다.

(2) 거의 동일한 가치를 가진 것으로 여겨지는 '물'들 사이에 교환이 이루어진다. 상품의 판매자는 자신이 상대방에게 건네준 '물'의 가치를 잘 알고 있으며, 그것을 산 사람으로부터 상당한 가치가 자신에게 돌아오는 걸 당연한 것으로 여긴다.

(3) '물'의 가치는 확정적이 되려는 경향이 있다. 그 가치는 계산 가능한 것으로 설정되어 있어야만 한다.

대개 이런 간단한 원칙에 의거해서, 도처에서 상품의 매매라는 형태를 취하는 교환이 이루어지고 있습니다. 유통이 원활하게 이루어지도록 하기 위해, 여기에는 화폐가 이용되겠지요. 서로 다른 '물'과 '물' 사이에 화폐를 통해 가치의 공통척도가 결정되면, 확정성을 추구하는 교환 원리는 더욱 확실한 기초를 획득하게 됩니다. 그러다 보면 그 척도를 아무데나 적용시켜, 화폐가치에 의해 '물'의 가치를 결정하려는 경향이 강해집니다. 그렇게 되면 예술작품 같은 것에까지도 가격이 매겨지게 됩니다.

증여—교환과는 다른 원리

하지만 우리가 일상적인 경험 중에는 이런 교환의 원리를 적용시킬
수 없는 광활한 영역이 아직 남아 있습니다. 사람과 사람이 인격의
결합을 실현하려 하는 현장에서는, 교환과는 다른 원리가 작용하려
고 하기 때문입니다. 인격의 결합이 이루어지기 위해서 '물'이 상대
방에게 건네지는 경우도 있겠지만, 그런 경우에도 교환과는 다른 원
리가 작용합니다. 이 경우에는 상품으로서의 '물'(화폐도 그런 상품의
일종으로 생각할 수 있습니다)이 교환되는 것이 아니라, 단순한 '물'이
아닌 '선물'을 상대방에게 보내므로, 여기에 작용하고 있는 원리는
증여(gift, gibt, don)라고 부를 수가 있겠지요.

친한 친구에게 정성이 담긴 선물을 주는 경우를 생각해보기로
합시다. 백화점 같은 곳에서 산 상품을 선물하는 경우라도, 우리는
주의 깊게 가격표를 뗀 다음에 다시 예쁘게 포장해서 상품으로서의
흔적을 가능한 한 제거하려고 합니다. 이것은 교환 원리의 지배를 받
는 것이 아니라는 신호를 보내는 셈이지요.

게다가 선물의 가치는 가능한 한 불확정한 상태로 놔둘 필요가
있습니다. 스스로도 말하지 않으며, 선물을 받은 사람도 그것을 묻거
나 하지 않는 것이 예의입니다. 불확정하지만 어떤 의미가 상대방에
게 전달된다는 점이 중요한 셈입니다. 증여에서는 비록 '물'을 매개
로 해서 사람과 사람 사이에 관계가 발생하는 경우라 할지라도, '물'

에 담겨 있는 의미나 감정이 '물'을 타고 상대방에게 전달되는 것이 더욱 중요하다는 의식이 바탕에 깔려 있습니다.

그리고 선물에는 반드시 답례가 따르게 마련인데, 이 경우에도 교환의 경우와는 전혀 다른 원리가 작용합니다. 선물을 받고 바로 그 자리에서 답례를 하는 것은 실례입니다. 또한 동일한 가치를 가진 '물'로 답례를 해서도 안 됩니다.

선물을 받고 어느 정도 시간이 흐른 다음에 서서히 답례를 해야 합니다. 교환의 경우에는 상품과 그에 대한 대가는 가능한 한 빨리 교환되어야 합니다. 하지만 증여에서는 시간적으로 어느 정도 간격을 둔 다음에 답례가 이루어지는 편이 우정이나 신뢰의 지속에 대한 증거로 간주되어, 오히려 더욱 예의바른 행동으로 받아들여집니다.

동일한 가치를 지닌 '물'로 답례를 하는 것은 '물'에 내재하는 교환가치를 중요시하는 것을 의미하는 셈이기 때문에, 증여에서는 바람직하지 않은 것으로 간주됩니다. 따라서 비록 받은 '물'의 가격을 알고 있는 경우라 할지라도, 일부러 그것과 동일한 가격의 '물'은 제외하고, 그보다 다소 비싼 '물'을 답례로 보내거나 합니다. 그러나 지나치게 비싼 답례는 오히려 실례가 됩니다. 가능한 한 양자 사이에 대칭적인 관계가 유지되도록, 하지만 전체로서 보면 양자 사이를 유통하고 있는 가치가 증대해가도록 하는 세심한 배려가 필요한 것으로 여겨져왔습니다. 도가 지나치는 것은 경계하면서 증여의 행위를 통해 뭔가가 증식해간다는 감각을 공유하고자 했던 셈이지요.

증여의 세 가지 특징

이제까지의 이야기에서 어떤 결론을 내릴 수 있을까요?

(1) 선물은 '물'이 아니다. '물'을 매개로 해서 사람과 사람 사이를 인격적인 뭔가가 이동하고 있는 듯하다.

(2) 마치 상호 신뢰의 마음을 표현하려는 듯이, 답례는 적당한 간격을 두고 이루어져야만 한다.

(3) '물'을 매개로 해서 불확정적이고 결정 불가능한 가치가 움직인다. 거기에 교환가치라는 사고가 끼어드는 것을 철저하게 배제함으로써, 비로소 증여가 가능해진다. 가치를 부여할 수 없는 것(예를 들면 신이나 부처한테서 받은 것, 좀처럼 갈 수 없는 외국에서 가져온 선물 같은 것), 너무 독특해서 다른 것과의 비교가 불가능한 것(자신의 어머니가 끼던 반지를 애인에게 선물하는 경우) 등이 선물로서는 최고의 장르에 속한다.

중간적 대상, 거세去勢, 마르크스

교환과 증여는 '물'이 사람과 사람 사이를 이동해 간다는 점에서 보면 매우 비슷하지만, 목적하는 바는 정반대 방향을 향하고 있는 듯이 보입니다.

증여의 경우는 선물은 '물'=대상으로서, 보내는 사람의 인격으로부터 분리되어 있지 않습니다. 그것은 일종의 중간적 대상인 셈입니다. 정신분석학에서 '중간적 대상'이라는 표현이 쓰일 경우에는, 방금 전까지 자신의 체내에 있었는데, 배설된 순간 이미 자신으로부터 분리되어 단순히 '물'로 취급될 운명에 처해 있는 대변과 유사한 성격의 것이 연상됩니다. 유아들은 대변에서 자신의 인격의 일부를 발견하고 언제까지고 집착하는데, 증여에도 그와 유사한 면이 있다는 것을 나는 주장하고 싶습니다.

인격으로부터 완전히 분리되지 않은 중간적 대상을 상대방에게 보냄으로 해서, 증여는 사랑이나 신뢰가 전달되기를 기대합니다. 사랑의 유동을 중개하는 '물'은 필연적으로 중간적 대상으로서의 성격을 띠게 되겠지요.

하지만 교환에서는 '물'과 인격이 철저히 분리됩니다. 따라서 교환이 이루어지는 자리에는 경계가 모호한 중간적인 대상이 아니라, 개체로서의 윤곽이 뚜렷하고 적절한 가치척도에 의해 명확한 가치 계산도 가능한, 분리 대상에 해당하는 것이 나와야만 합니다. 정신분석학에서는 그런 상황을 '거세'라고 합니다. 거세란 어머니의 체내에서의 생활을 즐기던 아이를 어머니 곁에서 떼어내서 개체로서의 명확한 윤곽을 부여하는 것인데, 이런 생각은 경제의 영역에도 적용될 수 있을 것 같습니다. 요컨대 증여를 거세한 곳에 교환이 출현하는 셈입니다. 거꾸로 말하면, 현대의 증여는 교환의 원리가 지배적인 사회에서 그 원리를 지탱하는 거세의 메커니즘을 부분적으로 뒤엎으면서 실천되고 있다고 할 수 있습니다.

밸런타인데이를 맞이해서 여자애들이 초콜릿을 구입하고 있습니다. 상점의 점원은 대금과 교환하여 그들에게 물건을 건네지만, 거기에는 어떤 인격적인 관계도 발생하지 않습니다. 여자애는 그 초콜릿을 마음속으로 좋아하고 있는 남자아이에게 선물합니다. 그런 경우에는 초콜릿의 과자로서의 가치는 이차적인 것이 되고, 일종의 의식儀式처럼 상징물에 담겨 있는 그녀의 인격의 일부가 더욱 중요해집니다.

마르크스는 자본주의 사회의 본질을 '거대한 상품의 집적集積으로 이루어진 사회'라고 했습니다. 이 말은 사회 전역에 교환의 원리가 두루 펴져 있다는 것을 의미하는 것이겠지만, 그런 사회에서도 크리스마스나 추석, 설날, 밸런타인데이와 같은 날이 다가오면, 마치 고대의 망령이 되살아난 듯이 증여의 원리가 활발히 작용하기 시작합니다. 그리고 그럼으로써 오히려 상품사회에 활기를 불어넣는 기묘한 현상이 일어나게 됩니다. 결국 여기서도 자본주의가 교환의 원리만으로 움직이고 있는 것이 아니라, '보로메오의 매듭' 모양을 한 전체 구조에 의해 움직이는 셈입니다.

그러나 자본주의라는 경제 시스템이 발달하기 이전의 세계에서는 정반대의 상황이 벌어졌습니다. 즉 그 시대의 사람들은 교환의 원리에 의해서가 아니라, 오히려 증여의 원리에 따라 인간관계의 중요한 부분을 움직였습니다.

시장市場과 신神

증여는 오랜 시간적인 간격을 두더라도 답례('반대급부')를 받고자 합니다. 게다가 그 답례는 등가교환이 아니므로, 동일한 가치가 돌아오지 않는 방식으로 이루어집니다. 옛날에는 증여를 중심으로 사회가 조직되어 있었습니다. 따라서 어떤 '물'에나 인격의 일부가 부착되어 있었기 때문에, 인격을 분리시켜서 단순한 '물'로 만들기 위해서는 여러 가지 궁리가 필요했습니다.

우리는 온몸을 상품의 세계에 푹 담근 채 살아가고 있습니다. 상품을 극히 당연한 것으로 취급하고 있지요. 하지만 이 상품이라는 것을 탄생시키기 위해 인간은 격렬한 싸움을 해야만 했습니다. 상품의 탄생을 위해 전쟁도 일어났으며 혁명도 필요했습니다. 그 정도로 상품의 발생은 엄청난 문제를 포함하고 있었습니다. 그러면 '물'과 결합된 인격을 깎아내 분리시키기 위해서는 어떤 방법이 가능했던 걸까요?

우선 첫 번째 단계로서 시장이 형성되었습니다. 시장은 대개 어떤 성지 근처에 형성되었던 것 같습니다. 즉 신이나 부처와 같은 신성한 존재가 지배하는 공간 속에서 '이제부터 시장이라는 것이 열리게 된다'는 것을 사람들이 의식했던 셈입니다. 왜 그런 장소에 시장이 형성되는 경우가 많았을까요? 일단 신이나 부처가 지배하는 신성한 공간으로 들어온 물건은 본래 그것을 소유하고 있던 사람의 인격과 결합되어 있던 요소가 제거되어, 인간사회를 초월한 신이나 부처의 소유물이 된다는 생각과 깊은 관련이 있었습니다.

사람들이 상품으로서 팔고자 하는 '물'을 소지하고 시장이라는 공간으로 들어온 순간부터, '물'에 결합되어 있던 인격적인 요소는 분리되어버립니다. 게다가 그곳은 추상적인 초월의 원리가 지배하고 있습니다. '물'로부터 인격성人格性이나 구체성이 제거되어, 추상적인 가치로 취급하는 것이 가능해지겠지요. 그렇게 되면 그것을 간단히 화폐에 의한 금액으로 환산하는 것도 가능해집니다. 이렇게 해서 시장으로 반입된 '물'은 신성한 공간 속에서 돈으로 환산되어 교환되는 상품으로 변모하는 셈입니다.

그리고 다음 단계에서는 시장에서 신을 추방하는 일이 실행에 옮겨집니다. 이것은 시장에서 세금을 걷음으로 해서, 신성한 공간을 관리하던 절이나 교회 같은 곳으로 막대한 부가 집중되는 걸 막기 위한 방편이었습니다.

특히 일본에서는 전국戰國시대(15세기 중반부터 16세기 중반까지의 군웅할거시대—옮긴이)에 이것이 철저하게 실행에 옮겨졌습니다. 시장을 절이나 신사神社의 관리로부터 해방시키는 '악시악좌樂市樂座(누구라도 일정의 자릿세만 내면 자유롭게 영업을 할 수 있는 시장—옮긴이)'라는 정책이 전국시대에 많은 다이묘大名(넓은 영지를 가진 무사—옮긴이)들에 의해 실행에 옮겨졌는데, 그중에서도 오다 노부나가織田信長가 취했던 정책은 가장 철저했습니다. 그렇게 해서 시장의 지배권은 종교의 손에서 다이묘들의 수중으로 옮겨가게 됩니다. 그 다음에는 봉건영주의 지배권을 제거하기만 하면 시장의 기능이 완전해지는 셈이지요. 증여 중심의 사회에서와 마찬가지로, '물'과 인격의 결합을 완전히 부정하고 분리되어 나간 '물'만이 자유롭게 그 공간으로 흘러 들어오게 되는 셈입니다.

힘의 유동

그러나 증여는 교환의 모체이기도 합니다. 교환의 원리로부터 증여가 발생할 수는 없지만, 증여의 원리의 내부에 일어나는 미세한 변화를 계기로 해서, 증여와는 이질적인 교환의 원리가 그 안으로부터 발생하기 때문입니다.

증여의 모든 국면을 통해 불확정적인 것이 움직이는 게 보입니다. 표면상으로는 '선물'이라는 확실한 크기와 무게를 가진 오브제 objet가 사람과 사람 또는 집단과 집단 사이를 이동해 가는 것은 누구의 눈에나 확실하게 보이지만, 실제로 거기서 움직이고 있는 것, 유동하고 있는 것의 실체를 파악하기는 그리 쉬운 일이 아닙니다. 사람은 우선 선물의 가치를 사용가치든 교환가치든, 일부러 불확정한 채로 두고 싶어 합니다. 선물의 '가격' 같은 것은 애당초 존재하지 않은 것처럼 행동하는 것이 에티켓으로 되어 있으며, 선물을 준 상대에게 답례를 하는 경우에도 일부러 상품가치가 동일하지 않은 것을 고르려고 한다는 점에 대해서는 전에도 말씀드린 적이 있습니다.

증여에서 중요한 것은, 사실은 선물로 주어지는 '물'이 아니라, '물'의 이동을 매개로 해서 동일한 방향으로 이동해 가는 유동적이고 연속성을 가진 어떤 힘의 움직임입니다. 그 '어떤 힘'을 표현하기 위해서 종종 '신뢰'나 '우정' '애정' '위신'과 같은 단어가 사용됩니다.

이런 단어로 표현되는 것의 실체를 파악하는 것은 마치 '뜬구름을 잡는' 것처럼 막연한 면이 있습니다. 명확한 형태도 없고, 계산 가능한 양으로 변환시킬 방법도 없습니다. 따라서 모호하긴 하지만 느낌으로 실재를 확신할 수 있는, '구름과 같은' 힘의 유동이 발생한다고 믿는 것처럼 선물로 주는 '물'과 함께 뭔가가 움직이는 겁니다.

이것을 양자론에서 이야기하는 물질의 운동에 비유해볼 수도 있습니다. 고전적인 역학에서는 물질은 입자로서의 실재를 가지고 있습니다. 그 입자가 가지고 있는 운동량이나 위치도 확정 지을 수가 있습니다. 하지만 마이크로의 영역에서 통용되는 양자론에서는, 물질은 더 이상 그런 입자로서의 명확한 윤곽을 갖지 못하게 되면서 진동을 시작합니다. 양자론에서 물질의 운동은 중심점 주위에 부옇게 '구름처럼' 퍼져 있는 것의 움직임으로 묘사됩니다.

이런 식의 비유를 사용하면, 증여는 경제와 유통에 있어서 '양자론'에 해당하는 것으로 이해할 수 있습니다. 요컨대 선물이라고 불리는 '물'은 물질로서의 윤곽과 크기와 양을 가지고 있게 마련인데, 증여는 그런 '물'=선물 주위에 부옇게 '구름처럼' 퍼져 있는 다양한 형태의 생명을 가진 힘을 끌고 다니며, 사람과 사람, 집단과 집단 사이를 옮겨 다니는 생명을 가진 힘의 전체 운동으로 묘사할 수가 있습니다.

그에 비해서 교환은 여전히 고전적인 역학의 세계상에 의거해서 이루어집니다. 교환되는 상품의 가치의 '형태'는 계산 및 계량이 가능할 듯한 명확한 윤곽을 갖게 되어, 그것의 이동에 의해 사람과 사람, 집단과 집단 사이를 화폐가치로 환산 가능한 양이 움직여가는 겁니다.

모스의 '증여' 개념

그렇기 때문에 양자론적인 본질을 가진 증여에는 고전역학과 동일한 사고법을 취하는 고전경제학의 사고를 적용할 수가 없습니다. 증여에는 증여에 적합한 양자론적인 경제학의 사고가 형성되어야 합

마르셀 모스(Marcel Founier 『*Marcel Mauss*』, Fayard)

니다. 『증여론』(1925년)이라는 책은 증여를 취급하기에 적합한 새로운 경제학적, 사회학적 사고를 탄생시키기 위해서, 물리학의 영역에서 양자론이 눈부신 발달을 이룬 바로 그 시대(하이젠베르크W. Heisenberg의 행렬역학이 발견된 것 역시 1925년의 일이다)에 프랑스의 사회학자 마르셀 모스에 의해 씌어진 것입니다.

과학에서의 물질의 상像이 고전역학적인 개념으로부터 양자론적인 개념으로 바뀌는 혁명적인 변화가 일어난 무렵에, 경제학과 사회학의 영역에서도 고전경제학에서의 '교환'의 개념을 초월한 '증여'에 대한 새로운 개념이 모스에 의해 발견되었습니다. 그런데 그 혁명적인 개념은 물리학처럼 새로운 실험 장치의 발달에 의해서가 아니라, 이른바 '미개사회'의 관습을 연구하는 인류학의 조사 결과에 대한 검토에 의해 탄생한 것입니다.

물리학은 마이크로 영역으로 관심을 돌림으로 해서, 새로운 증여론은 오스트레일리아 원주민이나 아메리카 선주민의 세계로 관심을 돌림으로 해서, 동일한 성격을 가진 현대적 사고를 발견한 셈입니다. 여기에는 뭔가 매우 흥미로운 동시성synchronicity의 현상이 일어나고 있는 것처럼 느껴지는군요.

'하우hau'라고 불리는 영적靈的인 힘

모스가 『증여론』에서 밝히고자 했던 증여의 세계에서는, 선물(이것은 반드시 어떤 '물'로 이루어져 있습니다)의 이동이 일어날 때마다, 눈에 보이지 않는 복잡한 성격을 가진 유동적인 힘이 집단과 집단 사이를 옮겨 다니는 모습이 분명하게 감지되었던 것 같습니다. 마오리 원주민으로 위대한 지식인이었던 타마티 라나이피리Tamati Ranaipiri가 1909년에 인류학자 엘스턴 베스트Elsdon Best에게 이야기한 다음과 같은 말에는, 증여에 의해 '하우'라고 불리는 영력靈力이 활동을 시작하는 모습이 정확하게 묘사되어 있습니다.

> 이제 숲의 '하우'에 대해 말씀드리겠습니다. 이 '하우'는 부는 하우(바람)가 아닙니다.
>
> 전혀 다릅니다. 아주 자세히 설명해드리겠습니다.
>
> 예를 들어서 당신이 어떤 귀중품을 갖고 있는데, 그걸 나에게 준다고 합시다. 우리는 그에 대한 대가의 지불에 대해서는 아무것도 정한 바가 없습니다. 그런데 나는 그것을 다른 누군가에게 줍니다. 그리고 오랜 시간이 흐릅니다. 그리고 그 남자는 자신이 귀중품을 갖고 있다고 생각합니다.
>
> 그는 나에게 뭔가 답례를 해야만 합니다. 그래서 그는 그렇게 합니다. 그러면 내가 받은 귀중품, 그것이 예전에 내가 받았던 귀중

품의 '하우'인 셈입니다. 나는 그것을 당신에게 주어야만 합니다. 나 자신을 위해서 그것을 챙겨놓는 것은 옳지 못합니다. 무척 좋은 물건이든 나쁜 물건이든 그 귀중품은 내가 당신에게 주어야만 하는 것입니다. 왜냐하면 그 귀중품은 또 하나의 귀중품의 '하우'이기 때문입니다. 만일 내가 그 귀중품을 나 자신을 위해서 움켜쥐고 있다면, 나는 '마테'가 될 겁니다. 그런 것이 '하우', 귀중품의 '하우', 나의 '하우', 숲의 '하우'입니다. 이제 이것으로 충분합니다.(마샬 살린스Marshal Sahlins, 『석기시대의 경제학Stone Age Economics』〈이 글은 마르셀 모스의 『증여론』에도 인용되어 있으나, 저자는 살린스의 일본어 번역본에서 인용했음 ─ 옮긴이〉)

귀중품이 어떤 사람의 손에서 다른 사람의 손으로 이동하면, 그와 함께 '하우'라는 영력도 활동을 개시합니다. 귀중품을 받은 사람이 그것을 자기 주변에 두고 다른 사람에게 선물을 하지 않으면 이 영력의 활동은 정지하고 맙니다. '하우'에는 증식시키는 힘이 깃들어 있으므로, '하우'의 활동이 정지하면 숲에 사는 생물의 번식력에도 나쁜 영향을 미치게 되겠지요. 따라서 이 이야기에는 귀중품의 증여는 정체되는 일 없이 일정 기간을 두고 실행되어야만 한다는 사상이 나타나 있습니다.

섬세하고 복잡한 '증여'

증여가 이루어질 때마다 증여의 대상이 되는 '물'과 함께, 그 '물'에

끌려다니듯이 위신이나 신뢰, 애정, 우애와 같은 인격에 관계되는 생명을 가진 힘이 나타나, 양자量子와도 같은 '구름'이 되어 함께 운동을 해갑니다. 증여 중심의 경제에 바탕한 사회의 사람들은, '물'의 이동에 의해 눈에 보이지 않는 '영혼'의 힘이 활성화되고, 인간 사회와 자연을 끌어들여 힘찬 운동을 일으킨다고 생각합니다.

그런데 교환에서는 증여에서 활동하던 인격성의 힘이나 영력 같은 것이 전부 억압을 받고, 배제 당하고 제거되어 버립니다. 증여의 전 과정을 움직이던 복잡한 계층성이 균일한 가치량이 흘러가는 수로와 같은 단순한 구조로 바뀌는 과정에서 '화폐'가 출현하게 됩니다.

증여의 실천 과정에서 발생하는 것을 일일이 합리화해서 이해하는 것은 불가능합니다. 계산 불가능한 인격성의 힘이나 영력의 움직임 등이 깊숙이 관여되어 있기 때문입니다. 증여 행위를 제대로 수행하기 위해서는 복잡한 계층에서 상이한 운동을 하고 있는 힘에 대해 상당히 치밀한 인식이 이루어져야만 하므로, 증여는 귀찮을 정도로 섬세한 행위라고 생각할 수가 있습니다.

그래서 근대사회는 이렇게 섬세하고 복잡한 증여 원리를 따르고 있는 사회의 조직 전체를 간단하고 합리적인 교환의 원리를 토대로 하도록 개조하려는 시도를 해왔습니다.

상품의 교환이 이루어지는 '시장'이라고 불리는 장소는 근대사회가 형성되기 훨씬 전부터 존재했습니다. 그 당시는 사회를 통합하는 중요한 기능을 담당하던 것은 증여의 시스템이었기 때문에, 그것과 병존하는 형태로 상품을 교환하는 장소가 특별히 마련되었던 겁니다. 현재와 같이 시장이 사회 전역에 퍼져 있지는 않았지만, 교환의 원리는 증여의 원리와 일체가 되어 작용했던 셈입니다.

인격성이 제거된 것이 상품이 된다

증여에서는 이 사람에서 저 사람으로 옮겨 다니는 '물' 에 어떤 형태
로든 인격성이 배어 있었습니다. 그렇기 때문에 증여와 교환이 병존
하는 사회에서 상품이 시장으로 들어갈 때는 미리 '물' 에 부착되어
있는 인격성을 제거하고, 단순한 '물' 이 될 필요가 있었습니다. 그래
서 앞에서 말씀드렸듯이, 옛날 방식에서는 시장 자체가 신의 소유였
고, 상품으로서 시장에 반입된 '물' 도 신의 소유가 되었으며, 그렇게
되면 그때까지 '물' 에 부착되어 있던 소유 관념이나 인격 관념은 깨
끗이 제거되어, 인격성을 초월한 '물' 로서 신의 소유물이 된다는 식
의 사고법이 취해졌던 것 같습니다.

　　그 다음에는 상품들이 상호교환 될 수 있도록 공통의 가치척도
가 설정되어야만 합니다. 시장으로 반입되어 교환을 기다리고 있는
상품은 질적으로도 기능적으로도 서로 다르기 때문에, 공통의 가치
척도가 필요하게 되는 셈입니다. 증여는 이 공통의 척도의 발생을 어
떻게든 막고자 했습니다. 그런 공통의 척도가 생겨나, 모든 '물' 의
가치가 수數나 양量으로 계산할 수 있게 되면, 증여의 정신이 파괴되
어버리기 때문입니다. 그렇기 때문에 증여의 실천에서는 가치에 관
한 불확정성 원리(양자역학에 관한 하이젠베르크의 이론—옮긴이)가 작
용하게 되었던 겁니다.

　　교환에서는 이런 불확정성이 부정되고, '물' 의 교환가치가 수

량에 의해 확정될 수 있는 규정이 자연발생적으로 생겨나게 됩니다. 모든 상품은 '시장市場의 신神'이 지배하는 공간의 내부로 들어가면, 모든 것이 추상적인 숫자에 대한 사고에 의해 움직이는 시장의 주민이 되는 셈입니다. 따라서 본래 부착되어 있던 모든 인격성이나 영적인 성격이 '물'로부터 소멸된 채, 자신과 동일한 과거를 체험해온 다른 상품과 교환의 현장에서 마주하게 되는 겁니다.

증여와 교환의 토폴로지

이런 식으로 해서 교환은 증여의 내부에서 발생합니다. 그러나 그 역은 성립되지 않습니다. 그것은 마치 은유와 환유라는 언어의 시적 기능이 최초로 인간의 뇌에 생겨나, 그 시적 기능을 평준화하고 합리화함으로 해서 일상적인 구어체의 말이 만들어지게 된 과정과 똑같습니다. 우리는 구어口語를 변형시킴으로 해서 시어詩語가 탄생하는 거라고 생각하기 쉽습니다. 하지만 사실은 그 반대입니다. 즉 시적인 언어가 뇌 속에 탄생하지 않으면, 일상적인 회화나 추론을 가능하게 하는 구어도 인간의 마음속에 탄생할 수가 없는 셈이지요.

따라서 증여와 교환을 다음의 도식과 같은 토폴로지로서 이해해볼 수가 있습니다.

일찍이 증여의 원리를 교환의 원리로 대체시키는 대대적인 개조 작업이 지구상의 몇몇 곳에서 성공리에 실행에 옮겨졌습니다. 그 개조 작업이 미친 영향력은 오랜 세월에 걸쳐 지구상의 다른 지역으로 확산되어갔으며, 그 결과 우리는 그런 개조 계획이 결실을 맺은

세계에 살고 있는 셈
입니다. 그 덕분에
'물'과 정보의 신속하
고 정확한 이동과 축
적은 가능해졌지만,
사랑이나 신뢰와 같은
인격성과 관련된 힘을
유동시키는 것은 무척
어려워지고 말았습니

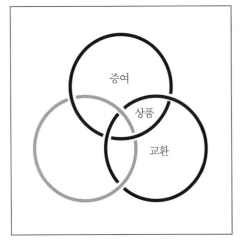

다. 또한 그와 더불어서 '영력'의 활동을 사회적으로 의의 있는 것으
로 활용할 수 있는 시스템의 구축 같은 건 생각조차 할 수 없게 되고
말았습니다.

　　증여 사회의 사람들은 "증여가 이루어지지 않으면 우주의 힘의
유동은 정지한다"고 했습니다. 우리가 살아가고 있는 이 세계에서
현재 일어나고 있는 위기적인 현상은 대부분 증여의 원리와 함께 움
직이던 여러 종류의 힘이 정지해버림으로써 초래된 것이 아닐까요?
그런 의미에서도 현대적인 증여의 개념에 대한 모스의 발견은, 이제
부터 우리가 자신이 살고 있는 세계의 구조를 바꾸어가기 위해서 매
우 중요한 의미를 가지고 있는 셈입니다.

II

순수증여를 하는 신神

Nakazawa Shinichi
Cahier Sauvage Series

증여에 불어온 신비한 바람

『어린 사환의 신』의 주인공 센키치가 고민을 했던 이유는 자신에게
엄청난 선물을 해준 상대방의 정체를 전혀 짐작도 할 수가 없다는 데
있습니다. 현재의 센키치의 처지로는 답례를 하는 건 도저히 무리지
만, 설사 가능한 처지라 할지라도 그런 상태에서는 답례가 불가능합
니다. 물론 정체를 알 수 없는 상대방은 자신이 준 선물에 대한 답례
같은 건 애당초 기대도 하지 않은 듯합니다. 여기서부터 센키치의
'환상'의 나래가 펼쳐지기 시작합니다.

　　"어쩌면 그 손님은 칠성님이나 다른 어떤 신이 사람의 모습을
하고 나타난 것이 아닐까?"

　　증여 행위에는 '증여되는 물질'과 그것을 '증여하는 사람'과
그것을 받게 될 '증여의 대상자'가 필요합니다. 그리고 증여의 대상
이 되는 '물'은 '물'로서의 개체성을 갖고 있으며, 증여하는 사람에
게도 증여의 대상자에게도 나름대로의 실체성이 인정될 때만 미심
쩍은 부분이 전혀 없는, '물'을 매개로 한 인격적인 가치의 순환이
발생하게 됩니다. 그런데 이 중에서 한 가지라도 개체성이나 동일성
이 명확하지 않으면, 증여 행위 전체로부터 신비로운 향기가 피어오
르게 됩니다.

　　『어린 사환의 신』의 경우에는 증여의 대상이 되는 '물'은 맛있
는 '초밥'으로 판명된 상태이며, 센키치나 국회의원 A의 정체는 독
자에게 이미 알려져 있습니다. 하지만, 소설 밖으로 나가서 그 내용
을 읽을 수 없는 센키치에게는 자신에게 친절한 증여를 해준 상대에
대해 전혀 알 도리가 없습니다. '그 손님'에게 동일성을 부여할 수

포틀래치의 선물더미(『*Handbook of North American Indians*』, Smithonian)

없는 상태인 셈입니다. 그러자 바로 그 순간에 증여 행위에는 신비로운 바람이 불어와, 어쩌면 그 사람은 신일지도 모른다는 사고가 센키치의 내면에 형성되기에 이릅니다.

　이와 같이 증여에서는 '증여되는 물질' '증여하는 사람' '증여의 대상자', 이 세 가지 중 어느 하나라도 동일성이나 개체성을 상실하면, 거기에 신을 둘러싼 사고인 '초월자의 사고' 라는 것이 끼어들여지가 많아지는 듯합니다. 증여의 원리 내부에는 종교적 사고라는 강력한 씨앗이 뿌려져 있는 것 같습니다. 『어린 사환의 신』은 바로그 점을 묘사하고자 하는 듯합니다. 이 문제를 좀더 분명하게 하기위해서, 현대 증여론의 형성에 끊임없이 무한한 영감을 불어넣어왔던 북아메리카 북서해안에 사는 선주민들의 '포틀래치potlatch' 라는 증여의 관습에 대해 상세히 검토하기로 하겠습니다.

포틀래치=증여의 제의

19세기 후반 포틀래치는 백인 사회와 백인 사회의 경제 시스템의 침입에 의해 이미 많은 변형이 일어난 상태였습니다. 하지만 인류학자 프란츠 보아스Franz Boas가 북서해안 인디언에 대한 조사를 실시했을 당시에는, 예전에 성대하게 치러졌던 포틀래치를 선명하게 기억하고 있는 노인들이 아직 많이 살아 있었습니다. 그래서 보아스는 이 매혹적인 관습에 대해 그야말로 생생한 모노그래프monograph를 쓸 수가 있었던 겁니다.

포틀래치는 엄청난 규모로 치러지는 '증여의 제의' 입니다. 이 제의는 직전에 사망한 위대한 수장首長에 대한 추억을 기념하고, 새로 수장으로 선발된 인물을 널리 알리기 위해서, 비중이 있는 인물의 자녀의 결혼 의식에 맞추어 치러졌습니다. 그리고 주로 북서해안 연안에 사는 콰키우틀이나 틀링깃, 하이다, 베라베라, 침시아와 같은 부족들의 마을에서 성대하게 개최되었습니다. 마을의 수장이 다른 마을의 수장, 그리고 그 마을에서 중심적인 역할을 하는 주민을 대연회에 초대하고, 손님으로 부른 사람들에게 많은 선물을 합니다.

선물로는 옛날에는 주로 동물의 털가죽 같은 것이 사용되었지만, 19세기에는 백인이 경영하는 '허드슨만 상회' 가 대량으로 들어온 기계로 짠 모포가 주역이 되었습니다. 이 모포를 해안에 설치된 제의 장소에 높이 쌓아놓고, 선물의 양이 엄청나다는 것을 과시했습니다. 그렇게 해서 포틀래치에 초대된 손님들은 초대에 대한 답례를 하기 위해 기회를 봐서 자신이 포틀래치를 주최해, 전에 자신을 초대해준 마을의 수장과 주민을 그곳으로 초대하는 것을 당연하게 여겼습니다.

　포틀래치에 초대되어 많은 선물을 받고서도 답례를 하지 않으면, 인색하고 욕심이 많다는 악평이 순식간에 퍼져 체면을 손상당합니다. 그렇기 때문에 상대방이 입 밖으로 내어 말하지 않더라도 답례의 의무는 당연한 것으로 여겨졌던 것 같습니다.

동판과 증여의 사이클

이런 식이므로 포틀래치는 서로 선물 경쟁의 경향을 띠기도 했습니다. 자신이 초대된 포틀래치에 지지 않을 정도의 성대한 제의를 지내기 위해, 무리를 해서라도 모포와 같은 선물을 부지런히 사 모으고, 연회에 내놓기 위한 연어의 훈제나 동물의 고기 등도 대량으로 준비해, 마치 전쟁에서 적을 요격하는 듯한 기분으로 만반의 채비를 갖추고 손님을 기다립니다. 그러면 초대를 받은 손님 역시 상대방이 호사스러운 선물을 마련한 것을 알아차리고, 그 자리를 위해 준비한 답례용 모포 더미를 둘로 나누어서, 하나는 배 안에 감춰두고 연회장으로 향합니다.

　초대한 쪽의 수장은 예상대로 포틀래치에서의 선물 중에서도 최상등품으로 여겨지던 구리로 만든 판을 꺼내 와서 기나긴 연설을 시작합니다. 이 동판이 얼마나 유서가 깊고 위력이 있는 귀중한 물건인지, 그리고 이것을 선물하는 자신들은 얼마나 인심이 좋고 고결한 사람인지를 유창한 어조로 늘어놓는 겁니다. 장황한 연설이 끝나고 나면, 자연히 답례품은 과연 무엇인지에 관심이 모아지게 됩니다.

그때 손님으로 초대받은 마을의 수장은 멋진 선물에 감사한 후 상등품 모포 200장을 답례용 선물로 지참했다는 사실을 알립니다.

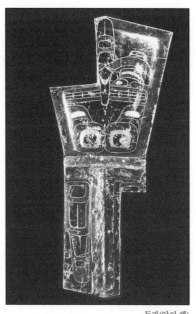

동판(앞의 책)

그 말을 듣고 초대를 한 쪽의 수장은 불만스러운 표정을 짓습니다. 이 동판이 겨우 모포 200장 정도의 가치라니. 또다시 연설이 시작됩니다. 선물을 받고 너무 실례가 되는 답례를 할 수밖에 없었던 수장이 비참한 운명에 처하게 되었다는 내용의 신화 같은 걸 예로 들어 상대방의 대응을 비판합니다.

그러면 재빨리 상대편 수장이 일어서서 반박을 하며 자신들을 모욕하지 말라고 합니다. 모포 200장은 당신들을 시험하기 위해 준비한 것으로, 당신들이 선물로 주는 귀중한 동판에 대해서는 당연히 모포 200장이 더 추가될 것이라고 말합니다. 모포 400장. 이것은 엄청난 가치입니다. 초대한 측의 수장은 그 말을 듣고서야 겨우 마음을 가라앉히고, 상대 수장의 손을 잡고 화기애애한 연회를 시작합니다.

이런 교섭 과정을 보며, 이것은 교환에 의한 교역이 아닐까 하는 착각일랑 하지 마시기 바랍니다. 모포의 대강의 가격은 알 수 있지만, 동판은 우리 사회에서의 귀중한 골동품처럼 본래 가격을 매기

순수증여를 하는 신 **63**

기가 어렵습니다. 선물로 받은 모포에 대해 다시 모포로 답례를 하는 경우도 있는데, 그런 경우라 할지라도 절대로 동일한 양의 모포를 보내거나 하지는 않습니다.

　문제는 마오리 원주민의 '하우'의 경우와 마찬가지로, 선물이 집단과 집단 사이를 옮겨 다님으로 해서 눈에 보이지 않는 영력이 활발히 움직이기 시작한다는 데에 있습니다. 그리고 선물에 대해 답례를 하지 않으면 영력의 유동이 정지해버리게 될 것을 두려워해서, 자신도 배포 큰 선물을 해야만 한다는 식으로, 마치 답례를 의무처럼 여겼다는 점에도 주목해야 합니다. 자기 혼자만 인색하게 선물을 하지 않으면, 그것은 전 부족 아니 전 우주의 건강한 운행을 저해한다는 식의 일종의 우주적인 책임감에 의해 증여의 사이클은 단절되지 않고 유지되어 왔던 셈입니다.

파괴되는 동판과 유동적인 힘

그런데 보아스가 보고한 다음과 같은 장면이 우리의 주목을 끕니다. 침시아족을 비롯한 부족의 마을에서 포틀래치가 개최될 때, 귀중품인 동판이 자주 파괴되었으며, 파괴됨으로 해서 오히려 가치의 증식이 일어나는 것으로 여겨졌다고 합니다. 우선 실제의 현장을 보기로 합시다.

　침시아족은 죽은 수장의 공적을 기리고, 후임 수장을 알리기 위해 성대한 포틀래치를 개최합니다. 이 '죽은 수장을 위한 축하연'에서 춤추는 사람이 가면을 쓴 채 동판을 옆구리에 끼고 앞으로 나가

신임 수장에게 이렇게 말합니다. "이 동판을 잘게 부수어서 손님들에게 나누어주시기 바랍니다." 그 말을 들은 신임 수장은 끌로 동판을 조각 낸 다음에, 손님들에게 그 조각들을 나누어줍니다.

근처의 콰키우틀족 마을에서도 이와 비슷한 광경이 보고된 바 있습니다. 포틀래치에서 수장은 동판 조각들을 위엄과 신망에 있어서 자신과 경쟁이 될 만한 라이벌들에게 나누어줍니다. 그러면 그것을 받은 상대는 부서진 동판과 비슷한 가치를 가진 다른 동판을 찾아서 포틀래치를 개최하고, 거기서 또다시 동판을 잘게 나누는 행위를 반복해야만 합니다. 이때 종종 기이한 광경이 연출되었는데요. 조각을 낸 동판을 바다 속으로 던져 버리고는 뒤도 돌아보지 않는 포즈를 취해 보이는 것입니다.

최고의 귀중품을 부서서 바다로 던져버리는 이런 행위는 그것을 실행한 수장에게 엄청난 위신威信을 부여해주는 것으로 여겨졌습니다. 모처럼 손에 들어온 동판이 바다 속에 가라앉아버렸으니 대담한 이 수장은 다른 답례품들을 준비해 두어야만 합니다. 바다에 가라앉은 조각들은 나중에 수거되어 다시 동판으로 만들어집니다. 그렇게 되면 신기하게도 전보다도 동판의 가치는 훨씬 커진다고 합니다. 산산조각이 난 후에 다시 만들어진 동판은 전보다도 영력이 훨씬 더 증가해 가치와 위신을 높일 수가 있는 셈입니다.

영원한 연속체 '조에'

『선물The Gift』이라는 책을 쓴 루이스 하이드Lewis Hyde는, 조각나고 부서진 후에 소생한 동판의 가치와 영력은 더욱 증대된다고 하는 북서해안 인디언의 사고법을, 고대 이집트의 오시리스 신화나, 고대 그리스에서 한때 크게 유행했던 디오니소스 신의 제의와의 대조를 통해 이해하려는 시도를 합니다. 오시리스 신도 몸이 토막토막으로 절단된 후에, 여신 이시스가 그 토막들을 주워 모아 접합해서 다시 소생시킨 신입니다. 그리고 술의 신이기도 한 디오니소스는 포도 압착기로 으깨진 포도가 향기로운 와인이 되어 소생하듯이, 몸이 해체됨으로써 영력을 더해가는 신입니다.

하이드는 루마니아 출신의 유명한 신화학자 케레니 Carl Kerényi의 생각을 원용하면서, 이 점에 대해 이렇게 생각했습니다. 고대 그리스에서는 개체의 생명을 '비오스Bios'라고 부르고, 개체성을 초월한 영원한 보편적 생명을 '조에Zoe'라고 불러 서로 구별했습니다. 조에는 결코 중단되는 법 없이 계속해서 흐르는 영원한 연속체입니다. 그런 연속체 안에 불연속적인 점과 같은 형태로 출현하는 것이, 개체성을 가진 존재인 우리 인간의 생명의 이상적인 모습에 해당하는 비오스인 셈입니다. 눈에는 보이지 않는, 조에의 성격을 띤 생명이 비오스로서의 생명을 관통해서 계속 흐르고 있다는 식으로 표현하는 것도 가능하겠지요.

디오니소스의 제의에서 사람들은 비오스적인 생명의 형태를 파괴하고, 그 안으로부터 조에를 이 세상에 출현시켜보려는 시도를 했습니다. 물론 아무리 소의 몸체를 해부하더라도 거기서 조에가 튀어나오는 모습을 볼 수는 없습니다. 하지만 제의라는 환상의 세계 속에서 사람들은 직관적 사고를 통해 파악한 것이 현실세계에 출현하는 모습을 보고자 했던 겁니다. 그리고 분해되어 조에의 유동 속에 빠져든 후, 또다시 비오스의 개체성을 획득해서 현실세계로 돌아온 존재는, 전보다도 훨씬 엄청난 활력과 위엄이 충만한 것으로 생각했습니다.

이런 사고가 포틀래치에 대해서도 적용되지 않을까 하는 것이 하이드의 생각입니다. 나도 그 생각은 기본적으로 옳다고 생각합니다. 포틀래치의 제의를 움직이고 있는 사고의 배후에 뭔가 정체를 파악할 수 없는 유동적인 힘의 실재를 느낄 수 있기 때문입니다. 그리고 그 유동적인 힘의 내부에는 인간 사회에서 이루어지는 증여의 원리보다도 더욱 급진적이고 극단적인 다른 원리가 작용하고 있는 듯이 느껴지기 때문입니다. 증여의 저 멀리서 뭔가 움직이고 있습니다. 그 정체를 철저하게 규명해보기로 합시다.

순수증여의 특징

포틀래치의 예는 우리가 보통 '증여'라고 부르는 것이 극한에 해당하는 지점에서 어떤 이질적인 원리와 접촉하고 있다는 사실을 가르쳐줍니다. 증여는 선물이 순환해가는 둥근 고리를 만듭니다. 이 둥근 고리 위를 선물과 그에 대한 답례가 순환해감으로 해서 인간들 사이의 관계가 발생하는 겁니다. 하지만 이 고리를 절단시키는 어떤 '사고事故'가 발생할 때, 그 '사고현장'에서는 증여의 안정된 고리에 끼어든 적도 없는 이질적인 원리가 고개를 내밉니다. 그런 이질적인 원리를 우리는 '순수증여'라고 부르고자 합니다.

순수증여에는 다음과 같은 특징이 있습니다.

(1) 순수증여는 증여의 순환이 일어나는 둥근 고리 밖으로 뛰쳐나간 곳에 나타난다. 그것은 선물을 받으면 그에 대한 답례가 이루어지는 '물'의 순환 시스템을 파괴해버린다.

(2) 증여에서는 물질성을 가진 '물'을 받는다. 그러나 순수증여는 '물'을 받기를 부정한다. '물'의 물질성이나 개체성은 전달받은 그 순간에 파괴되기를 바라게 된다.

(3) 증여에서는 선물을 받았다는 사실이 언제까지고 잊히지 않는다. 그렇기 때문에 증여에서는 의무적으로 답례가 이루어져야 한다. 하지만 순수증여에서는 보냈다는 사실도 받았다는 사실도 일체 기억되기를 원하지 않는다. 누가 선물을 했는지조차 생각할 수 없게 하는 순수한 증여가 이루어진다. 그렇기 때문에 자신이 행한 증여에 대해 아무런 보답도 바라지 않는 것이다.

(4) 순수증여는 눈에 보이지 않는 힘에 의해 이루어진다. 그 힘은 물질화되지 않으며 현상화되지 않는다. 마지막까지 모습을 감춘 채로 인간에게 뭔가를 계속 보내는 것이다.

'신'의 조화造化

"마치 신과 같지 않은가?"라고 생각하실 겁니다. 그렇습니다. 인간은 종종 이런 순수증여의 출현을 경험해왔습니다. 그때마다 "이것은 신의 조화가 아닐까?" 하고 생각하고자 해왔습니다. 『어린 사환의 신』의 주인공도 마찬가지였습니다. 센키치는 아주 잠시 자기 앞에 나타났다가 정체도 밝히지 않고 사라져버린 바로 그 '순수증여자'가, 아마도 칠성님이나 어떤 신의 화신일 거라고 생각했습니다. 그런데 오히려 그 점으로 인해 국회의원 A는 괴로워하게 됩니다. 왜냐하면 자신은 신이 아닐 뿐만 아니라 신이라는 존재를 믿지도 않는데, 센키치에 대해 취한 행동이 자신을 순수증여자로 만들어가는 듯한 낌새를 눈치채고 그로 인해 고민하게 되었기 때문입니다.

포틀래치에서 귀중한 동판이 파괴되었을 때, 사람들이 직감한 것도 바로 이 순수증여 원리의 출현입니다. 멋지게 꾸며진 동판에 새겨진 像을 절단해버림으로 해서, 그 귀중품은 귀중품으로서의 가치를 유지한 채로 눈 깜짝할 사이에 증여의 순환으로부터 튀어나가 버린 셈입니다. 이런 행위를 통해서 사람들은 증여의 원리 자체가 어떤 절대적인 원리와 접촉하고 있다는 것을 직감하게 됩니다. 그것은 증여를 초월한 증여, 그것과 접촉하면 증여의 시스템 같은 것은 파괴되어버릴 정도로 순수한 증여의 원리, 보답을 기대하지도 않고 아낌없이 자신을 선물하는 존재의 실재감에 접촉하기에 이릅니다.

그렇기 때문에 동판은 한 번 파괴됨으로써 힘이나 가치를 '증식' 시키는 능력을 획득하는 겁니다. 산산조각이 나서 증여의 제의의 클라이맥스에서 증여의 순환 밖으로 튀어나가 버린 동판 조각들은, 그곳에서 순수증여의 영력과 접촉해 '증식하는' 능력을 충분히 부여받아, 또다시 증여의 순환 사이클 안으로 돌아오게 됩니다.

이렇게 해서 우리는 교환과 증여의 원리 옆에 순수증여의 원리라는 것이 존재한다는 사실을 발견하게 되었습니다. 순수증여는 교환이나 증여와는 뚜렷한 차이점을 가진 원리입니다. 교환이나 증여에서는 실제의 '물'이 이 사람에서 저 사람으로 이동해갑니다. 하지만 순수증여의 경우에는 '물'의 형태나 개체성이 파괴되어가거나, 당사자의 인격적 아이덴티티가 소멸되어가거나, 증여의 순환 사이클이 어쩌다가 끊어져버리거나 할 때, 느닷없이 나타났다가는 사라져버리기 때문에, 그것을 실체로서 파악할 수가 없습니다.

그렇기 때문에 순수증여의 원리의 작용을 아주 가까이서 직감한 경험이 있는 사람은 그것을 종종 '신'의 조화로 생각하려 하게 마련입니다. 앞에서도 말씀드렸듯이 이것은 칸트가 말하는 '물 자체'나 라캉이 말하는 '실재le réel'라는 개념과 그 구조가 완전히 똑같습니다. 하이데거의 개념 '물Das Ding'과도 아주 유사합니다.

여하튼 그것은 '지知'의 영역 밖에 존재합니다. 그것을 '신'의 조화로 생각해서 지적인 이해의 영역 밖으로 내던져버리는 것은 간단한 일입니다. 하지만 우리는 이 일련의 강의에서 인간의 뇌가 파악할 수 있는 모든 영역을 답파해보고자 결심했으므로, 단호하게 '과학'의 입장에 서야만 하겠지요. 순수증여는 '지'의 영역에서는 '불가능'한 개념입니다. 하지만 우리는 그런 '불가능'도 끌어안는 새로운 마음의 과학을 창조해내야 하지 않을까요?

증여가 순수증여와 접촉할 때마다

다음과 같은 사고가 순수증여의 원리와 접촉함으로 해서 생겨난 사고입니다.

인류학자 베스트에 의해 채집된 마오리 원주민의 '하우의 철학'에서는, 서구인에게는 이해하기 힘든 이 개념을 다음과 같이 설명하고 있습니다.

"토지의 '하우'란 토지의 생명력, 풍요로움 등을 의미하며, 그리고 위신이라는 말에 의해서만 표현할 수 있는 성질의 것이라고 생각한다."

"'아히 타이타이'라는 것은 사람, 토지, 숲, 새 등의 생명 원리와 번식력을 보호하기 위해 치러지는 제의에서의 성화聖火를 의미한다. 그것은 집의 마우리 혹은 하우라고 불린다."

"…하베가 남쪽으로 먼 길을 떠났을 때, 그는 크마라(고구마)의 하우를 가지고 갔다. 혹은 어떤 사람이 말한 바에 따르면 그가 크마라의 하우를 가지고 갔다고 한다. 이 마우리는 우리의 눈에 크마라 한 줄기로 보였다. 그것은 하우, 즉 크마라의 생명력과 생산력을 나타내는 것이었다."

"숲의 마우리에 대해서는 이미 주목해두었다. 이미 보았듯이 그것은 숲의 생산성을 지키는 기능을 하는 것이었다."

"'유형有形'의 마우리는 농업과 연결되어 이용된다. 작물이 심어져 있는 밭에 안치되어, 작물의 성장에 매우 유익한 효과가 있는 것으로 굳게 믿어지고 있다."

"그런데 사람만이 아니라 동물, 토지, 숲, 그리고 마을의 집에도 하우와 마우리가 깃들어 있다. 그렇기 때문에 숲의 하우, 즉 생명력 혹은 생산성은 그것만의 독특한 제의에 의해 매우 신중히 보호되어야 한다. … 왜냐하면 절대적인 역할을 하는 하우가 없으면 생산성은 기대도 할 수 없기 때문이다."

"생물, 무생물을 불문하고 모든 것은 제각기 생명 원리(마우리)를 가지고 있다. 생명 원리 없이는 아무것도 번식이나 성장을 할 수가 없다."(살린스, 앞의 책)

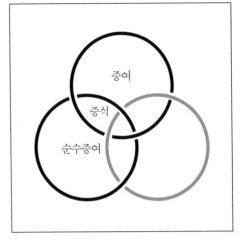

증여

증식

순수증여

이런 숲의 하우
는 사람들이 배포 큰
증여를 하고, 받은 선
물에 대해 제대로 답
례가 이루어질 경우에
사람들 위에 발동한다
고 했던 마오리족 사
람들의 말을 여러분은
기억하실 겁니다.

숲의 하우 자체
는 증여의 순환 사이클 밖에 존재하면서, 아무것도 기억하지 않고 시
간도 초월하며, 어떤 물질적인 형태도 취하지 않는 순수증여의 원리에
해당합니다. 순수증여가 가져다주는 것과 마주하게 되었을 때, 인간
은 그것을 자신의 '지'의 영역으로 받아들여서, 숲의 하우와의 사이
에 마치 증여의 순환이 발생이라도 하는 것처럼 이해하려고 합니다.

상대방(숲의 하우)은 아무것도 기억하고 있지 않는데도, 인간은
숲의 하우가 해준 증여에 대해 답례를 해야만 한다고 생각해서, 이익
의 일부를 그 원천으로 돌려보내기 위한 의식을 거행합니다. 이것은
인간이 품을 수 있는 가장 아름다운 환상 중의 하나일 겁니다.

따라서 증여와 순수증여 사이에 위의 도식과 같이 서로 겹치는
부분이 발생한다고 생각할 수 있을 겁니다. 증여의 원리가 순수증여
와 접촉할 때마다 거기서부터 영력의 증식이 일어난다는 생각입니
다. 이런 생각은 예전에 신화적 사고를 하는 사람들의 사회에서는 널
리 믿어져왔던 것입니다.

신란親鸞의 사상

━━━

또한 다음과 같은 사고도 순수증여의 원리와의 접촉으로부터 발생한 것으로 이해할 수가 있습니다. 아래의 글은 일본 중세의 종교가의 글입니다. 우리는 여기에 전개되어 있는 사고를 일종의 '증여론' 의 이본異本으로 이해할 수가 있습니다.

> 자연이라는 단어에서 '자自' 는 '스스로' 라는 의미로, 결국 자연은 수행자의 의지와 상관없이 그렇게 되도록 한다는 말이다. '연然' 이라는 것은 '그렇게 되도록 한다' 는 말로, 수행자의 의지가 아니라 여래如來의 서원誓願이기에 그렇게 말하는 것이다.
> 모든 것은 사람이 처음에 정하는 것이 아니다. 그렇기 때문에 타력他力(자기의 힘이 아닌 부처나 보살의 힘, 특히 아미타불 본원本源의 힘을 의미─옮긴이)에 있어서는 의義가 없음을 의라고 한다는 것을 알아야 한다. 자연이라는 것은 본래 자력으로 그렇게 되도록 한다는 말이다.
> 아미타의 서원은 본래 수행자의 의지가 아니라, '나무아미타불' 하고 소원을 빈 다음에 부처가 사람을 맞이하겠다고 결정하시는 것으로, 수행자 쪽에서 좋다고도 나쁘고도 생각하지 않는 것을 자연이라고 한다고 들었다. (신란〈정토진종淨土眞宗이라는 종파의 개조開祖로 알려져 있는 13세기 일본의 승려─옮긴이〉, 『고사서간古寫書簡』)

여기서는 '증여자' 와 '증여되는 물질' 만이 아니라, '증여를 받는 자' 까지도 자신이 속세에서 중요하다고 생각해왔던 동일성이 전부 해체되어버린 상태입니다. 신화적 사고의 세계에서는 적어도 이런 일은 일어나지 않았습니다. '증여자'인 하우는 눈에 보이지 않는 영력이며, 하우가 인간에게 가져다주는 것은 숲의 생물의 풍요로움이라는 다소 막연한 대상이었지만, 그것을 받아들이는 인간은 분명한 아이덴티티를 가지고 있었습니다.

그런데 중세의 일본에서 전개된 이 독특한 종교사상에서는 아미타불(순수증여자)이 아낌없이 베푸는 무한한 자비(형상성을 가지지 않은 선물)를 제대로 받아들일 수 있기 위해서는, 인간은 자신의 의지라는 걸 완전히 버리고, 자신의 존재에 동일성을 부여하는 모든 것을 버릴 수 있어야만 한다고 주장하는 겁니다.

순수증여를 실천하는 묘코닌妙好人

신란이라는 종교사상가는 아주 철저할 정도로 '순수증여'의 사고를 인간에게 최대한 전개하고자 했습니다. 아마도 그 다음에는 아래와 같은 말이 나올 수밖에 없겠지요.

자비도 광명도 전부 하나.
사이치才市(이 시의 작가 아사하라 사이치 자신을 의미─옮긴이)
도 아미타도 전부 하나.
나무아미타불.

대은大恩, 대은, 대은. 이 부처는
사이치를 부처로 만드는 부처로,
나무아미타불이라고 말하는 대은

나무불南無佛은 사이치의 부처이며 사이치로다.
사이치를 깨달음의 경지에 이르게 하는 나무불.
이것을 받은 것이 나무아미타불.
(정토진종의 묘코닌 아사하라 사이치淺原才市의 시)

　신란이 설파한 '순수증여의 사상'을 그대로 실천하며 살고자
해서 염불을 외는 사람들을 '묘코닌(불교 용어로 신앙심이 깊은 사람을
의미—옮긴이)'이라고 합니다. 그들은 생물에게 자비를 베푸는 아미
타불(순수증여자)과 그 자비를 받고 있는 자기 자신이 전혀 구별이 되
지 않을 정도로, '자신의 의지'를 완전히 버리는 것을 이상으로 삼았
습니다. 그런 상태가 극한에 이르게 되면 증여자와 증여를 받는 자의
구별도 사라지고, 자신의 존재와 선물(자비)과의 구별마저 사라져버
리게 됩니다. 이것은 그야말로 인류의 사상사에 있어서도 거의 유례
가 없는 사태라고 할 수 있지 않을까요?
　후기 구석기 시대에 인류의 마음속에 발생한 '증여'의 사고는
신석기 혁명에 의한 대규모의 조직화를 거쳐 하나의 거대한 사회원
리가 되었습니다. 그리고 그것이 극한상태에 이르면서 나타나게 된
'순수증여'의 사고를 발전시켜 다양한 종교적 사고를 탄생시켜 왔
습니다. 일본의 정토교에 탄생한 '절대타력絶對他力'의 사상은 그런
사고를 그야말로 극한상태까지 전개시키고자 하는 시도라고 할 수

있습니다. 그것은 인류 최초의 경제사상인 '증여의 사고'를 가장 고도로 전개시킨 최고의 사상인 셈입니다.

여기서 주목할 것은 신란의 입에서 뜻밖에도 '자연'이라는 단어가 새어나왔다는 점입니다. '순수증여'란 '자연'의 별칭인 셈입니다. 이것은 나중에 더욱 중요한 의미를 갖게 될 겁니다.

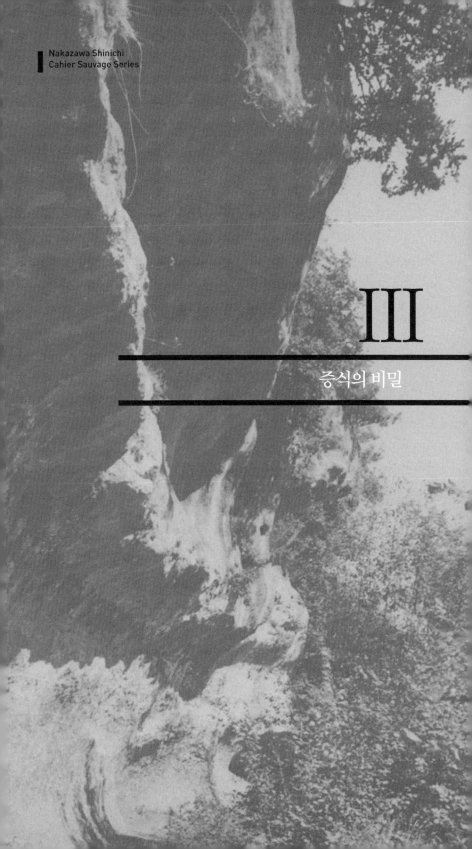

Nakazawa Shinichi
Cahier Sauvage Series

III

증식의 비밀

Nakazawa Shinichi
Cahier Sauvage Series

원리가 만나는 장소

우리는 중요한 발견을 한 것 같습니다. 마르셀 모스는 『증여론』을 구상할 때, 증여의 관행을 움직이는 원리는 하나라고 생각했습니다. 즉 모스는 고대나 '미개'한 증여사회에서는 증여가 이루어지면 그에 대해 보답(답례)을 하는 것이 의무로 되어 있었으며, 그렇게 해서 발생하는 증여—답례의 순환이 사회 전체를 하나로 통합해간다고 생각했던 겁니다. 따라서 증여의 관행을 만들기 위해서는 증여의 원리 하나로 충분하다고 생각했습니다.

하지만 우리는 이 증여의 원리가 사실은 두 개의 한계영역에서 다른 두 원리와 접촉하고 있다는 사실을 봐왔습니다. 하나의 한계영역에서 그것은 교환의 원리와 접촉을 하고, 그 반대쪽 한계영역에서는 순수증여라는 절대적인 원리와 접촉하고 있습니다. 그리고 이제까지 보통 '증여'라고 불려왔던 것은, 실제로는 증여의 원리와 순수증여의 원리가 만나는 장소에 일어나고 있는 현실 전체를 막연히 지칭하고 있었다는 것을 확실히 알 수 있게 되었습니다.

실제로 우리가 출발점으로 선택했던 『어린 사환의 신』이라는 소설에는 그 점이 눈에 띄지 않게 자연스럽게 강조되어 있었습니다. 이 소설에서는 선의에 의한 증여 행위가 센키치라는 어린 사환에게는 행복감과 함께 약간의 신비한 감정을 일으켰으며, 국회의원 A에게는 좀처럼 떨쳐버릴 수 없는 회한의 감정을 남겼습니다. 선의에 의해 초밥이라는 선물을 보냈는데 어찌 된 영문인지 꺼림칙한 결과를 낳게 된 셈입니다.

증여의 순환이 제대로 이루어지지 않은 이유는 뭘까요? 그것은 세속적인 한 인간일 뿐인 증여자(국회의원 A를 의미)가 지나치게 도시적인 세련된 행동을 함으로 해서, 증여에 대해 스스로는 감당할 수 없는 절대적인 원리의 편린을 개입시켜버렸다는 데 있습니다. 순수증여의 원리에는 보통 사람의 마음으로는 감당할 수 없을 정도의 절대성이 내포되어 있습니다. 그 점은 신란이나 묘코닌들이 스스로 감당하고자 했던 것의 규모를 생각해보면 충분히 이해가 갈 겁니다. 그러나 순수증여는 그 정도로 중요한 의미를 가지고 있으면서도, 교환과 증여와 접촉하는 형식으로, 우리의 일상생활 바로 옆에서 지금도 계속 활동하고 있습니다.

그렇기 때문에 우리는 언제든지 순수증여와 접촉할 수가 있습니다. 다만 마음속에 갖고 있는 두려움이나 교활함이나 약삭빠름 때문에, 한계영역을 뛰어넘어서 건너편으로 넘어가려고 하지 않을 뿐입니다. 하지만 종교사상가라고 불리는 사람들은 소설가와는 달리, 그 점을 깨닫게 되면 곧바로 그 원리가 지상에서 전면적으로 실현되도록 자신의 인생을 송두리째 바치려고 결심합니다. 결코 영리한 선택은 아니지만, 인간의 마음의 위대성을 보여주고 있는 것은 오히려 이쪽이 아닐까요? 적어도 나는 영리하지 않은 이런 사람들을 좋아합니다.

미지의 증여론을 찾아

이렇게 해서 우리 눈앞에 이제까지 알려지지 않았던 새로운 형태의 '증여론'이 뚜렷이 모습을 드러내게 되었습니다. 이 새로운 '증여론'에서는 '물'과 마음의 순환이 원활하게 이루어지는 '증여의 사이클'만으로 증여의 전체성이 성립되어 있는 것이 아니라, '증여의 사이클'의 운행에 이른바 '수

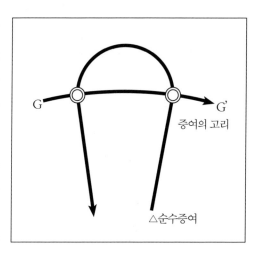

G   G'
증여의 고리

△순수증여

직으로' 개입하게 되는 순수증여의 원리와 증여의 원리가 일체가 되어(위 도식 참조) 하나의 전체 운동을 하고 있습니다.

증여의 사이클에서는 우선 상대방이 누구인지 확실히 아는 '증여자'가 물질성과 형상성을 갖춘 '물'로서의 '선물'을 보냅니다. 그러면 동일성을 가진 '피증여자'가 그 선물을 받고 어느 정도 시간이 흐른 뒤에 답례를 하지요. 그 답례 역시 증여의 사이클에서는 물질성과 형상성을 갖춘 '물'의 형태로 이루어집니다. 그점으로해서 원활한 순환 운동이 계속되기를 기대하는 셈이지요.

그런데 순수증여에는 본래 물질성도 형상성도 동일성도 없습니다. 게다가 그것은 모든 시스템을 관통해 수직 방향으로 개입해오기 때문에, 증여의 사이클과 순수증여의 운동이 교차하는 두 개의 교차점(◎로 표시한 장소)에서는 시스템의 순조로운 운행이 중단되어버립니다. 이 장소에서 연결된 고리에 '구멍이 뚫리는' 현상이 일어납니다. 그러면 이 '구멍'을 통해서 사람들은 그때까지 시스템 밖에 있어서 그 존재가 감지된 적이 없었던 유동적인 힘이 자신들의 세계 내

부로 흘러 들어오는 것을 직감하게 됩니다.

마오리족 사람들은 이것을 '하우가 움직였다' 라고 표현했는데, 그와 동일한 현상은 지구상의 도처에 거주하던 인간들에 의해 직감되었던 것입니다. 사람과 사람, 집단과 집단 사이에 예의를 갖춘 원활한 증여의 흐름이 발생한 곳에서는, 풍부한 감각을 갖춘 영적인 힘이 움직이고 있는 것이 확실하게 감지되었습니다.

이때 감지되는 '유동하는 영혼' 이란, 선물이 다른 개체 사이를 옮겨 다닐 때마다, 증여의 사이클에 발생하는 작은 '구멍' 을 통해 흘러 들어오는 순수증여를 하는 힘을 의미합니다. 증여가 교환과는 달리 '물' 의 이동과 함께 눈에 보이지 않는 모든 힘을 '끌고 다니는' 것처럼 느껴지는 것도, 시스템의 사이클에 수직방향으로 개입해오는 이 순수증여의 작용에 의한 것임이 분명합니다.

증여의 사이클이 한창 작동중일 때 느닷없이 그 사이클의 운동을 중단시키고 순수증여의 침입을 허용하게 되면, 사람들은 뭔가 풍요로운 것의 '증식' 이 일어나고 있는 것으로 직감했다고 하는 민족지적인 사실이 배후에 존재하는 것도 이 점과 관계가 있습니다. 콰키우틀이나 침시아와 같은 북아메리카 북서해안의 선주민들의 포틀래치 제의에서, 흥분한 수장은 종종 최고의 귀중품인 동판을 산산조각을 내서 바다 속으로 던져 버리는 행위를 과시하듯이 해보이곤 했습니다. 그렇게 하면 동판의 위력이나 위엄이 증가할 뿐만 아니라, 사람들 사이를 흐르는 영력에도 '증식' 이 일어나서 마음이 풍요로워지는 듯한 느낌이 들었다고 합니다.

마르셀 모스를 넘어서

시스템 밖에서 흘러 들어오는 순수증여의 힘이 시스템의 사이클을 향해 수직방향으로 침입해오면, 사이클 안에 있는 사람들은 자신들의 세계를 움직이고 있는 어떤 힘의 위력이 증대해서, 언젠가 이 세계에 탄생할 '물'의 수나 양, 질 등을 풍부하게 해줄 거라고 느꼈던 셈입니다. 그런 점을 생각하면, 이 강의의 또 하나의 커다란 주제라 할 수 있는 '증식'이라는 문제를 풀어나가는 데 있어서 중요한 단서를 제공해주는 것도, 바로 이 순수증여의 원리인 것 같다는 사실을 알 수 있게 됩니다.

그렇다 하더라도 이 문제는 신중하게 처리해야만 합니다. 우선 주의해야 할 것은 순수증여를 하나의 실체로서 끌어내는 것이 불가능하다는 점입니다. 그렇기 때문에 순수증여가 작동하고 있다는 것을 직관적으로 이해하기 위해서는, 증여라는 행위 자체가 곳곳에서 스스로를 파탄에 이르게 하는 다른 원리와 접촉하고 있다는 것을 분명하게 밝혀내는 '탈구축deconstruction'의 방법을 사용하는 것이 효과적입니다. 실제로 철학자 자크 데리다Jacques Derrida는 『시간을 주다―위조화폐Donner le Temps 1. La Fausse Monnai』라는 책에서 모스가 생각했던 식의 '증여론'은 불가능하다는 것을 명확히 밝힌 바 있습니다.

그러나 우리는 좀더 대담하게 앞을 향해 나아가보고자 합니다. 증여가 접촉하고 있는 다른 원리에 해당하는 '순수증여(데리다는 '증여로서의 증여', 혹은 '절대적 증여'라는 표현을 사용합니다)'를 창조적인 개념으로 적극적으로 이용해서 인간에 대한 학문에 미지의 가능성을 열어보고 싶다고 생각하는 겁니다. 이것은 곧 모스가 구상은 했으나 실현시키지는 못한 미지의 '증여론'에 대해 하나의 형태를 부여하고자 하는 것입니다. 신중한, 그러나 대담한 전진을 시도해보기로 합시다.

무에서 유를 창조한다

이렇게 해서 우리는 또다시 〈카이에 소바주〉의 제2권 『곰에서 왕으로』의 세계로 돌아오게 되었다는 것을 깨달았을 겁니다. 거기서는 후기 구석기 시대의 호모 사피엔스(현생인류)가 동굴을 주거지로 삼았으며, 그리고 특별히 선택된 동굴 속에서는 어떤 종교적 제의가 치러졌음을 짐작케 하는 많은 증거가 발견되었다는 것을 확인할 수 있었습니다. 동굴의 벽면에는 엄청난 수의 동물 모습이 그려져 있습니다. 사슴이나 말이 질주하는 모습을 그린 회화들은 박진감 있는 리얼리즘으로 우리에게 깊은 감동을 줍니다. 또한 같은 동굴에는 곰으로 추정되는 동물의 형태를 한 테라코타 상이 남아 있습니다. 그 주위에 흩어져 있던 유물들로 봐서 그것은 의식이 거행된 흔적이 분명하다는 것을 알 수가 있습니다.

　　고고학자들은 라스코 동굴이나 쇼베 동굴 같은 곳에서는 동물의 '증식'에 관련된 의식이 거행된 것이 아닐까 하고 추측하고 있습니다. 마링거는 이 점에 대해 다음과 같이 기술하고 있습니다.

　　대지의 품에 있었던 이런 제사용 사당들에서 치러진 행사는 우선 수렵주술 즉 주술적 수단에 의해 사냥감을 확보하는 데 그 첫 번째 목적이 있다. 수렵운狩獵運, 바꾸어 말하면 풍부한 사냥감이나 야생동물의 씨가 절대로 마르지 않는 사냥터는 고대 원시인들의 최대의 관심사였다. 그들에게 있어서 수렵은 본래 식량의 공급원이었던 것이다. (중략) 제사나 기도에 의해 이런 수렵운과 신적인 수렵운을 베풀어주는 자, 또는 동물의 주인에게 기원을 했다(요하네스 마링거Johannes Maringer, 『선사시대의 종교*The Gods of Prehistoric Man*』).

만약에 고고학자들의 이런 추론이 옳다면, 우리는 구석기 시대에 행해진 인류 최고最古의 '철학적 사고'에 대해 중요한 단서를 얻은 셈이 됩니다. 동물의 모습을 벽면에 그려놓고 그 앞에서 의식을 거행함으로써, 동물들의 증식을 환상적으로 선점하기 위한 '마술'을 부린 것이라고 한다면, 동굴이라는 공간 자체가 순수증여의 원리와 현실세계와의 교차점을 의미하게 될 겁니다. 벽면은 구석기 시대의 호모 사피엔스에게 일종의 캔버스와 같은 의미를 가지고 있었던 셈이지요. 즉 벽면은 기호의 연쇄를 새겨 넣기 위한 평면의 역할을 했을 겁니다.

순수증여를 하는 힘이 남긴 흔적

진화를 마친 인류의 뇌는 세계를 언어(기호)의 연쇄로 구성하는 능력을 획득한 상태였기 때문에, 동굴의 벽면은 그렇게 해서 완성된 세계의 구성원리를 추상화해 표현하기 위한 캔버스였던 셈입니다. 거기에 미래에 증식이 되었으면 하는 대상인 동물의 모습이 그려져 있는 겁니다.

그렇다면 벽면에 그려진 동물의 모습 하나 하나는 기호표현을 위한 평면과 수직으로 교차하면서 순수증여를 하는 힘이 지나간 흔적을 나타내는 것이었다고 생각할 수가 있지 않을까요? 말하자면 나중에 철학에서 '무로부터의 유의 창조'라고 부르게 되는 형이상학적인 사고가 스스로의 태생의 순간을 그 벽면 위에 기록한 셈입니다.

순수증여를 하는 힘이 세계를 가로질러 갈 때마다 현실세계에는 뭔가가 탄생하거나 증식을 일으킨다는 철학적 사고를, 벽면(사고와 표현을 위한 평면)을 가로질러 가는 순수증여를 하는 힘이 교차점에 남기고 간 창조의 흔적(동물의 모습 등)으로서 정착시키고자 한 거라고도 생각할 수가 있습니다. 여하튼 그곳에서는 일종의 '마술'의 성격을 띤 의식이 거행된 것이 분명합니다. 그리고 그 배후에 자리하고 있던 '증식'이라는 주제를 둘러싼 철학적인 사고의 명확한 흔적을 확인할 수가 있습니다.

정신기술자精神技術者의 파티

그뿐만이 아닙니다. 구석기 시대의 호모 사피엔스의 이런 증식의 사고에는 그와 반대되는 사고, 즉 죽음과 소멸을 둘러싼 사고가 짝을 이루고 있었습니다. 탄생해서 증식해가는 존재가 죽어서 소멸해가는 것과 동거하고 있는 모습이 분명하게 회화로 표현되어 있습니다.

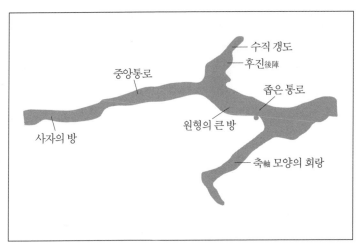

라스코 동굴의 구조(Joseph Campbell, 『*Historical Atlas of World Mythology Vol. 1*』. Harper & Row)

수직 갱도
후진後陣
중앙통로
좁은 통로
사자의 방
원형의 큰 방
축軸 모양의 회랑

들소와 쓰러져 있는 남자(같은 책)

라스코 동굴은 '큰 방'과 '회랑'과 '작은 방'으로 이루어져 있는데(87쪽 위의 그림), 그중에서 가장 구석진 방 하나에 기묘한 그림이 그려져 있습니다(87쪽 아래 그림). 커다란 들소 옆에 벌렁 누워 있는 듯한 남자의 모습을 발견할 수가 있을 겁니다. 들소의 배에서 내장이 비어져 나와 있습니다. 아마도 날카로운 석기로 복부를 찔린 거겠지요. 들소는 자신에게 닥쳐올 죽음을 예감하며 뿔을 곧추세우고 자신에게 상처를 입힌 사냥꾼에게 덤벼들 듯한 기세입니다.

　　들소의 공격 때문인지는 확실하지 않지만, 그 옆에는 남자가 혼자서 벌렁 누워 있습니다. 창처럼 생긴 무기가 옆에 나뒹굴고 있는 것으로 봐서, 그가 들소에게 상처를 입힌 장본인인 듯합니다. 이때 남자의 페니스가 하늘을 향해 딱딱하게 서 있는 것이 우리의 관심을 끕니다. 이 남자는 성적인 흥분을 맛보면서, 그렇게 쓰러져 있는 것처럼 보이기도 합니다. 그 옆에 머리 부분에 새의 상像이 새겨져 있는 지팡이가 내팽개쳐져 나뒹굴고 있는 광경도 보입니다.

　　이 그림을 둘러싸고 고고학자나 미술사가들은 온갖 상상력을 동원해왔습니다. 머리 부분에 새의 상이 새겨져 있는 지팡이는 시베리아나 아메리카의 선주민들 사이에서 샤먼이 사용하던 도구로 널리 알려진 것과 똑같습니다. 그래서 들소 옆에 쓰러져 있는 이 남자는 구석기 시대의 샤먼과 같은 정신기술자가 아닐까 하는 추정을 하게 되었습니다.

　　이런 추정이 힘을 얻게 된 데에는 이 그림이 그려진 장소의 특수성이 중요한 역할을 했습니다. 이 그림은 동굴 안쪽에 있는 '작은 방'보다도 더 구석진 곳에 우물처럼 구멍이 뚫려 있는 바위 틈새의 벽면에 그려져 있습니다. 그런 장소에 그림을 그리기 위해서는 화가는 어떤 끈 같은 것으로 몸을 묶고 우물 위의 공중에 매달려 있는 무리한 자세로 작업을 할 수밖에 없습니다. 게다가 더욱 흥미로운 것은 그 우물의 지하에서는 농도가 높은 이산화탄소를 비롯한 유독가스가 분출되고 있다는 점입니다.

이산화탄소 중독으로 위험한 상태가 되면 남성의 페니스가 직립 상태가 된다는 보고도 있습니다. 그것을 근거로 인류학자 중에는 이 우물이 샤먼과 같은 정신기술자들이 이산화탄소를 고의로 들이마셔서 의식을 잃게 하는 종교적인 '환각 파티'에 사용된 것이 아닐까 하고 생각하는 사람도 있습니다(한스 피터 듀르Hans Peter Duerr『재생의 여신 세드나Sedna oder die Liebe zum Leben』). 그들의 생각에 의하면, 페니스가 딱딱하게 선 채로 쓰러져 있는 남자는 유독가스를 마셔서 가사상태에 빠진 샤먼이며, 그 옆에 있는 빈사 상태의 들소하고는 '죽음'이라는 동일한 주제에 의해 연결되어 있다는 것입니다.

인류 최초의 형이상학

탄생한 생명은 이렇게 해서 죽어갑니다. 증식된 것도 이렇게 해서 소멸되어갑니다. 구석기 시대의 호모 사피엔스가 남긴 동굴벽화에는 '증식'이라는 주제와 함께 '죽음'이라는 주제가 동거하고 있습니다. 순수증여의 역선力線(line of force: 힘의 방향을 나타내는 선-옮긴이)이 현실세계와 교차할 때 생명의 증식이 일어나지만, 일단 세계의 내부에 출현한 그 역선이 다시 원래의 잠재 공간 안으로 돌아갈 때, 탄생한 생명은 소멸을 체험해야만 합니다(90쪽 도식).

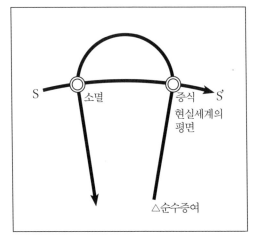

컴컴한 동굴 안 후미진 곳에서 희미한 촛불(아마도 동물의 지방을 연료로 사용했겠지요)에만 의지한 채 '삶'과 '죽음'의 변증법을 주제로 한 기묘한 의식이 오직 남자들에 의해 은밀히 거행되었던 것이 아닐까요? 남자들만의 '비밀결사'에 의해 의식이 거행되었다고 추정할 수 있는 근거는, 이 거대한 동굴 갤러리 어디를 둘러보아도 여성을 주제로 한 그림을 발견할 수 없다는 데 있습니다. 생명의 증식 하면 가장 먼저 떠오르는 것이 여성의 임신한 모습이 아닐까요? 그런데 동굴 갤러리의 벽면에는 마치 누군가에 의해 검열이 이루어지기라도 한 듯이 그런 모습을 전혀 발견할 수가 없습니다.

이 점을 어떻게 받아들이는 것이 좋을까요? 제 생각은 이렇습니다. 이 동굴 안의 거대한 공간은 인류에 의한 최초의 '형이상학'이 이루어진 장소가 아닐까요? 그곳에는 남자, 그 중에서도 성인이 된 남자들만 모여서, 여성이나 동물의 신체에 도래하는 '증식'이라는 현실에 대해 최초의 추상적 사고를 한 것이 아닐까요? 그렇기 때문에 여성의 임신이라는 주제는 너무 '구체적'인 것이기에 그림의 테마로 선정되지 않았던 것이 아닐까요? 이 공간은 구체적인 현실을 그대로 표현하는 것이 아니라, 여성의 임신의 배후에서 작용하고 있는,

눈에는 보이지 않는 순수증여를 하는 힘에 대해서 철학적인 사고를 하는 장소였던 것이 아닐까요?

라스코나 쇼베의 동굴회화에 대해 많은 사람들이 '인류 미술의 시초'로서 거론해왔습니다만, 그곳이 인류의 추상적 사고 또는 형이상학적 사고가 시작된 장소이기도 했다는 점에 대해서는 이제까지 간과되어왔다고 생각합니다. 여기에는 '젠더gender'와 '지知'와의 관계를 둘러싼 매우 현대적인 문제가 내포되어 있는 듯이 보입니다. 남성적인 '지'가 추상적인 사고를 선호하는 경향은 구석기 시대의 사냥꾼들 사이에 이미 발생한 것인지도 모르겠습니다.

로셀의 비너스와 13개의 칼자국

그런데 어두운 동굴에 익숙해진 눈을 깜박이면서 쨍쨍 내리쬐는 태양 아래로 돌아오면, 우리는 거기서 숨이 딱 멎을 정도로 멋진 여성의 신체상을 발견하게 됩니다.

이 상은 1911년에 라스코 동굴에서 불과 몇 마일밖에 떨어져 있지 않은 로셀Laussel 마을 뒷산 중턱에 있는, 천연의 은신처처럼 생긴 바위의 비죽 튀어나온 부분 아래의 테라스 같은 곳에서 발견되었습니다. 지질학자 라란느Lalanne라는 사람이 우연히 발견한 것입니다. 구석기 시대의 사람들은 이런 테라스에서 낮 시간을 보내기를 즐겼던 것 같습니다(93쪽 위의 사진). 쨍쨍 내리쬐는 햇볕을 쬐면서, 사람들은 이 안전한 장소에서 편안한 자세로 손으로 뭔가 작업을 하거나 아이를 돌보거나 하고 있었겠지요.

그 테라스의 한 귀퉁이에 있는 바위 표면에, 나중에 흔히들 '로셀의 비너스'라는 이름으로 부르게 된 여성상이 새겨져 있습니다(쪽 아래 사진). 이것은 수많은 '비너스 상'(여기에는 바다의 물거품이라는 설도 있고, 남녀교합이 이루어질 때의 체액의 거품에서 태어났다는 설도 있는 고대 그리스 신화의 비너스를 그린, 그 유명한 보티첼리의 작품도 포함되어 있습니다) 중에서도 특히 미적으로, 그리고 사상적으로도 흥미로운 것입니다. 미술사가 기디온S. Giedion은 다음과 같이 기술하고 있습니다.

> 조상彫像과 바위 덩어리는 서로 분리하기 힘들 정도로 정확하게 짜 맞추어져 있다. 이 부조浮彫를 새긴 조각가는 바위 덩어리의 튀어나온 부분을 살리는 포즈를 선택했다. 따라서 조상은 앞쪽으로 약간 불룩하게 튀어나온 듯한 형태를 취하고 있다. 옆에서 보면 그 커브는 '〈'와 같은 부호 모양을 하고 있어 긴장감이 감돈다. 조상의 곡선은 임신한 복부에서 가장 불룩하게 튀어나왔다가, 거기서부터 양쪽을 향해 하강해가다가 결국은 천천히 바위 속으로 가라앉는 듯하다. 발은 바위와 일체를 이루고 있다. 상반신은 살짝 뒤로 젖혀진 상태이며, 머리 부분은 바위의 양쪽 돌기 사이에 있어, 마치 쿠션에 기대고 있는 듯한 모습이다. … 이 작품은 선사시대의 미술사상에서 가장 활력이 넘치는 인체조각이다(『The Eternal Present vol. 1』, Princeton University Press)

풍만한 유방, 포동포동한 허리, 그리고 불룩한 복부에는 왼손을 살짝 갖다대고, 오른손에는 들소의 것으로 추정되는 뿔이 들려 있습

〈위〉 구석기 시대, 사람들의 테라스(같은 책)
〈아래〉 로셸의 비너스(같은 책)

니다. 이 뿔에는 뭔가 칼자국 같은 것이 새겨져 있는 듯합니다.

주로 과학 관련의 글을 쓰던 알렉산더 마샥Alexander Marshack은 1960년대에 나사NASA로부터 아폴로 계획의 사상사적 의의에 대한 문서작성을 의뢰 받았습니다. 그래서 전 세계의 고고학적 유적을 돌아다니며 자료를 수집했는데, 그때 그는 이 뿔의 칼자국의 수가 정확히 '13개'라는 점에 주목했습니다. '정확히'라는 표현을 사용한 데는 그만한 이유가 있습니다. 그는 그 이전부터 아프리카에서 발견된 구석기 시대의 유물인 뼈를 담는 그릇들 몇 개에 26개 또는 13개의 뚜렷한 특징을 가진 칼자국이 새겨져 있다는 사실을 이미 알고 있었던 겁니다. 그중에는 칼자국의 길이가 점점 길어졌다가, 한가운데에 해당하는 14개째부터 점점 다시 짧아져 가는 것처럼 그려진 것도 있었습니다. 마샥은 그것이 달의 차고 기움에 근거해서 만들어진 구석기 시대의 '달력'이라는 것을 직감했습니다.

달의 운행과 '증식해가는 생명력'

그런 눈으로 고고학적 발굴품을 바라보자, 신기하게도 서로 부합하는 점이 있다는 것을 알게 되었습니다. 프랑스 남부 지방에서 발견된 '로셀의 비너스'의 손에 들려 있는 들소의 뿔에도 놀랍게도 13개의 칼자국이 '정확히' 새겨져 있는 것이 아니겠습니까? 이와 비슷한 예는 전 세계에서 계속해서 발견됩니다. 그러자 자신의 직감이 틀리지 않다는 확신을 갖게 된 마샥은 앙드레 르루아 구랑A. Leroi-Gourhan을 비롯한 고고학의 대가들의 의혹을 무시하고, 당당하게 저작 『문명의 기원*The Roots of Civilization*』을 출판해서, 태음(달)의 차고 기움에 근거한 달력의 제작이 인류의 시간 의식의 형성에 결정적인 역할을 했다는 사실을 입증해 보였습니다.

그렇다면 구석기를 사용하던 호모 사피엔스는 이미 정확한 달력을 갖고 있었던 셈이 됩니다. 그들은 새로운 달을 이용해서 월령月齡에 의한 계산을 시작했습니다. 그로부터 13일째 되는 날 밤에는 만월이 찾아옵니다. 달의 생명력이 가장 왕성해지는 밤이라고 할 수 있지요. 그리고 동시에 앞으로 죽음의 암흑을 향해 가는 쇠퇴의 과정이 시작되는 밤이라고도 할 수 있습니다. 여하튼 13개의 칼자국은 달의 운행과 관계가 있는 셈입니다.

13개의 칼자국이 새겨져 있는 들소의 뿔을 오른손에 들고, 왼손은 자신의 불룩한 배에 살짝 얹은 여성상이 나타내고자 하는 것이 무엇인지는 현대의 우리에게도 명백합니다. 그것은 '증식해가는 생명력' 을 나타내고 있는 겁니다.

이 비너스 상 바로 옆 바위에는 남녀의 성교장면을 묘사한 듯한 조각(97쪽 위의 사진)도 새겨져 있습니다. 이 밝은 갤러리에 '전시' 되어 있는 작품군에는 아무래도 일관된 주제가 있다는 걸 알 수가 있습니다. 이 회화들에 분명하게 드러나 있는 주제는 바로 여성이 가지고 있는 '생산 능력' 의 신비라고 할 수 있겠지요.

이 '비너스 상' 이 발견된 로셀 근처에 산재해 있는 유적에서는 그 후로도 계속해서 여성의 모습을 묘사한 상이 발견되었습니다. 일례로, 마을 사람들에게 '마녀의 은신처' 로 불리던 동굴에서 발견된 숨이 딱 멎을 정도로 요염한 빈느 근교에 있는 상(97쪽 아래 사진)을 들수 있습니다. 그 상은 세 여성의 하반신만을 묘사한 것입니다. 그리

고 부드러운 감촉과 살랑거리는 음모의 감촉까지도 느껴질 정도로
에로틱한, 아베이론 계곡에서 발견된 여성상 같은 것도 예로 들 수
있을 겁니다.

구석기 시대의 '밀교密教'와 '현교顯教'

그런데 흥미로운 것은 이런 에로틱한 여성의 모습을 묘사한 상은 거
의 대부분 밝은 햇볕이 내리쬐는 바위의 테라스나, 광선이 비칠 정도
로 깊지 않은 동굴의 벽면 같은 곳에 존재한다는 점입니다. 라스코
동굴처럼 깊숙한 구멍 속에 여성의 모습이 묘사되는 경우는 좀처럼
없는 듯합니다. 이것은 도대체 무엇을 의미하는 걸까요? 깊숙한 동굴
안에는 동물이나 남자 샤먼의 모습만이 묘사되고, 구석기인들이 대
낮에 생활을 하면서 가벼운 제의를 거행한 것으로 추정되는 바위의
은신처에는 요염한 여성상이 묘사되어 있는 셈입니다.

　동굴과 바위의 은신처에서는 종류가 다른 종교적 사고가 행해
졌다고 생각하는 것이 아마도 가장 이해하기 쉬울 겁니다. 즉 깊숙한
동굴에서는 남성의 '비밀결사'적인 집단에 의한 구석기 시대의 '밀
교' 의례가 거행되고, 햇볕이 내리쬐는 바위의 테라스나 동굴의 입
구 부근에서는 여성들도 같이 섞여서 '현교'적인 의례가 치러졌던
것이 아닐까요?

　따라서 동굴의 깊숙한 곳에서 성인 남자만으로 치러지는 '밀
교' 의례에서는, 여성이나 동물의 암컷, 혹은 자연이 가지고 있는 '생
산력'은 추상화된 '순수증여의 원리' 같은 것으로 바뀌어 사고의 대

〈위〉 남녀의 성교장면을 묘사한 것(캠벨, 앞의 책)
〈아래〉 세 여성의 하반신(캠벨, 앞의 책)

상이 되었으며 회화에도 표현되었던 거겠지요. 그렇기 때문에 동굴 벽화에는 현실의 여성의 모습이 그려져 있는 경우는 거의 없습니다. 그 대신에 순수증여를 하는 힘이 표현의 평면(바위의 벽면)을 가로질러가는 지점에는, 마치 "여기에서 무로부터 유의 창조가 이루어졌습니다"라고 말하려는 듯이 동물의 모습이 일종의 '기호記號'로서 배치되었던 것으로 생각할 수가 있습니다.

　그에 비해 '현교'적인 밝은 의식에서는 현실의 여성의 모습이 당당하게 그대로 등장할 수가 있습니다. 그런 의식에서는 현실의 여성을 배제하고 남자들만 형이상학적인 사고에 빠져드는 밀의종교密儀宗敎(디오니소스 제의와 같이 비밀의식을 통해 개인의 심령이 구제된다고 생각하는 종교—옮긴이)와는 달리, 표현에 '비틀기' 같은 건 전혀 가미되지 않습니다. 여성성이나 생식성이라는 주제는 추상화되고 개념화되고 형이상학화되지 않은 채로, 순수하게 에로틱한 구체적 대상으로서 주목을 받게 됩니다. 동굴의 '밀교'에는 심오한 종교적 사고가 넘쳐흐르고 있지만, 테라스에서 거행되는 의식에서는 보다 가벼운 예술적 표현기술을 즐기고 있는 듯이 여겨집니다.

　이렇게 해서 동굴벽화 옆에 제작된 다양한 종류의 여성상은 보다 세속적인 형태로 표현된 '순수증여의 원리'의 형태를 나타내게 되었던 겁니다. 동굴의 깊숙한 곳에 그려진 회화의 배경에 존재하는 사고와 이 에로틱한 여성상을 비교해보면, 거기에 간과할 수 없는 중대한 '차이'가 나타나 있는 것을 알 수 있습니다. 동굴의 안쪽에는 증식과 죽음이라는 주제가 공존하고 있었습니다. 아니 오히려 증식해가는 것과 소멸하고 죽어가는 것은 결국 하나라는 사고가 자리하고 있었던 셈입니다.

'코르누코피아Cornucopia' 형型 사고

그런데 밝은 '비너스'들의 상에는 죽음이라는 주제는 표면에 분명하게 나타나 있지 않습니다. 그녀들이 손에 들고 있는 들소의 뿔에도 만월을 의미하는 13개의 칼자국만 새겨져 있었던 것을 상기해주십시오. 여기에 있는 '비너스'들은 오히려 소멸이나 죽음의 그림자로부터 자유로워진 '생명을 낳는 자'의 모습을 직접적으로 표현하고 있습니다.

남자들이 어두운 동굴 내부에서 죽음과 재생을 둘러싼 형이상학적인 사고에 빠져 있던 바로 그 옆의 밝은 테라스에서는 여성들도 같이 섞여서 부와 생명을 낳는 자의 능력이 단순히 찬양되고 있었던 셈입니다. 그런 의미에서 이런 '비너스' 상들은 농업을 하게 된 신석기 시대에 이르러서 자주 등장하는, 무한한 부와 생명을 낳는 능력을 가진 것으로 믿어졌던 '코르누코피아(풍요의 뿔)' 형 개념을 표현하고 있다고 생각할 수가 있습니다.

여기서 앞으로의 이야기에서 매우 중요한 의미를 갖게 될 '코르누코피아'의 개념에 대해 설명해두기로 하겠습니다. 본래는 고대 로마에서 사용되던 말로 풍요의 여신을 의미합니다. 상징적으로는 산양의 뿔 같은 것으로 만들어진 잔에서 과일, 꽃, 초록빛 잎사귀 같은 것이 넘쳐 흘러내리고 있는 모습으로 묘사됩니다. 현실세계의 '물'이면서 공중에 떠 있는 잔에서 풍요로운 부가 끊임없이 흘러넘치듯이, 무에서 유가 창조되도록 현실의 부를 낳는 능력을 가진 것이 바로 코르누코피아입니다.

이 개념이 계속 변용되면서 역사가 전개되어 왔다고 해도 과언

이 아닙니다. 아래의 사진을 봐주십시오. 이것은 내 친구이자 아티스트인 에드워드 알링톤이 젊었을 때 제작한 '독毒의 신주神酒'라는 작품인데, 여기서 '독'이란 자본주의의 한 측면을 가리키고 있습니다. 알링톤은 코르누코피아를 제작함으로 해서 독과 풍요로움이 동거하는 경제 시스템의 본질을 예술에 의해 사고하고자 했습니다.

　유럽의 중심부에서는 '은밀하게 치러지는 동굴의 의식' 형 사고가 피타고라스나 하이데거에 의해 몇 번인가 부흥이 시도된 적은 있지만 점차로 쇠퇴해갔습니다. 그에 비해서 '코르누코피아' 형 사고는 오히려 엄청난 발전을 하게 됩니다. 그것은 후세에 바로 그 지역에서 자본주의가 비정상적일 정도로 발달하게 되리라는 것까지도 예언하고 있는 듯이 느껴집니다. 12~13세기의 유럽에서 그 점은 누구의 눈에도 명백한 사실로 보이게 되는데, 그것에 대해서는 다음 강의를 기대해주십시오.

에드워드 알링톤, 「독의 신주」

IV

숨겨진 금에서 성배聖杯로

Nakazawa Shinichi
Cahier Sauvage Series

유동하는 부富

증여와 교환은 사회에 유동을 발생시킵니다. 증여도 교환도 부의 이동이 둔해져 사회가 정체상태에 빠지는 것을 방지하는 힘을 가지고 있기 때문입니다. 특히 증여의 경우, 자신이 받은 선물을 자기 혼자만의 부로 생각해 언제까지고 움켜쥐고 있는 것은 '악'으로 간주되었습니다. 증여의 사이클이 이동해가는 것은 사회 전체를 끌어들인 일종의 '사업'이라 할 수 있으므로, 개인은 각자 그 사이클의 일부분의 움직임에 대해 책임을 지고 있는 셈입니다. 그래서 개개인은 자신이 담당하는 증여의 사이클의 일부분이 신속한 유동을 실현해가도록 신경을 씁니다. '증여는 우주마저 움직이게 한다'는 표현이 사용되는 것은 바로 그런 이유 때문입니다.

그런데 여기에 '부의 유동의 정지'라는 것을 주제로 하는 엄청나게 많은 이야기들이 눈에 띕니다. 지하나 수중에 아무도 모르게 황금을 비롯한 보물이 숨겨져 있으며, 신비한 요정들이 그것을 지키고 있다는 내용의 '숨겨진 보물'에 관한 이야기들 말입니다.

자본주의가 형성되기 이전의 유럽이나 동아시아에서 그런 식의 숨겨진 보물에 관한 이야기를 많이 발견할 수가 있는데, 여기서는 고대부터 중세에 걸쳐 북유럽에서 만들어진 이야기들 중에서 하나만 소개하기로 하겠습니다.

그 많은 이야기들 중에서 왜 이 이야기가 특별히 선택되었는지 그 이유에 대해서는 나중에 확실히 이해하게 될 겁니다. 지금은 단지 이 이야기가 오늘의 이야기의 골격을 이루는 음악가 리하르트 바그너에 의한 예술적 창조와 관련이 있으며, 나아가서는 '화폐의 출현'

이 갖는 인류사적 의미에 대해 흥미로운 문제를 제기하고 있기 때문이라고만 알아두시기 바랍니다.

『볼숭 가家의 사가Volsung Saga』

북유럽에서는 남국의 태양 아래서 자라난 그리스 신화와는 달리 어둡고 거친 신화가 많이 전승되었습니다. 신석기 시대 이후의 그런 신화들은 『에다Edda』라는 신화·서사시집으로 집대성되었는데, 그것을 토대로 해서 고대 말기에는 노르웨이에서 아이슬란드로 이주한 사람들에 의해 '사가Saga'라고 불리는 문학이 풍부하게 창조되기에 이릅니다.

'사가'를 창조하고 전승한 사람들의 사회는 귀족과 평민으로 이루어진 봉건사회의 특징을 가지고 있었으며, 거기서 신화의 신들과 인간 영웅들이 하나가 되어 활약하는 매력적인 이야기가 탄생했습니다. 여기에 소개하는 것은 『볼숭 가의 사가』라고 불리는 이야기의 일부입니다. 이 이야기는 대륙 쪽의 북유럽에서 전승되던 신화를 거의 변형시키지 않고 소재로 사용하고 있습니다. 그렇기 때문에 『볼숭 가의 사가』의 이 부분은 그 유명한 독일의 『니벨룽겐의 노래』와 거의 비슷한 내용으로 이루어져 있습니다. 둘 다 동일한 신화 소재를 사용해서 창조했기 때문에, 동일한 내용의 이야기가 만들어졌다는 점에서 비교신화학적으로 매우 흥미로운 예라고 할 수 있습니다.

프레이드마르라는 남자가 있었다. 힘이 셌고 재물도 많았다. 그에게는 파프니르, 오타르, 레긴이라는 세 아들이 있었다. 그중에서 가장 힘이 센 것은 파프니르였다. 그는 성격이 잔인하고 제멋대로였다. 오타르는 고기잡이의 명인으로, 낮에는 보통 수달의 모습으로 변해 폭포의 용소龍沼에서 물고기를 잡았다. 그리고 자신이 잡은 것을 먹을 때는, 먹을 것이 점점 없어지는 걸 보지 않으려고 눈을 감고 먹었다. 레긴은 두 형제하고는 닮지 않았다. 그는 별로 용기도 없고 허세도 부리지 않았지만, 온갖 무기를 다룰 수 있는 재주를 갖고 있었다.

그런데 어느 날 오딘과 로키와 헤닐이라는 세 명의 신이 기나긴 여행을 하는 도중에, 오타르가 물고기를 잡고 있는 폭포 옆을 지나게 되었다. 신들은 그가 눈을 감고 앉아서 연어 한 마리를 먹고 있는 모습을 봤다. 그러자 로키가 그를 겨냥해서 돌을 던졌다. 머리에 돌을 맞은 해달은 그 자리에서 쓰러져 죽고 말았다. 로키는 자신이 한 행동에 대해 상당히 자랑스럽게 여겼다.

신들은 다시 길을 가다가, 프레이드마르의 집에 이르게 되었다. 하룻밤만 재워달라고 부탁하며, 먹을 것은 갖고 왔다고 말했다. 그러면서 자신들이 잡은 것을 주인에게 보여주었다. 프레이드마르는 그들을 안으로 들였다. 그리고 옷과 무기를 벗어 놓고 편히 쉬라고 했다. 신들이 무기를 내려놓고 앉아 있는 동안 그는 밖으로 나가서 아들들에게 "너희들의 형제 오타르가 살해되었고, 그 하수인들이 지금 객실에 앉아 있다"라고 말했다.

형제는 곧바로 들어와서 손님들을 붙잡아 꽁꽁 묶었다. "너희들이 죽인 해달은 사실은 프레이드마르의 아들이다. 너희들이 그를 살해한 것에 대해 충분한 보상을 하지 않으면 절대로 너희를 풀어주지 않을 것이다"라고 말했다.

신들은 보상금을 주겠다고 약속하며, 아들의 죽음에 대해 지불해야 할 액수는 프레이드마르가 스스로 정하도록 했다. 프레이드마르는 해달의 가죽을 벗기더니 신들에게 말했다. 이 가죽 안에 황금을 채워서 쓰러지지 않고 똑바로 설 수 있도록 하고, 그 위에다가 또다시 금을 덮어씌워서 털가죽이 전혀 보이지 않도록 하면 그것으로 오타르의 보상금을 지불한 것으로 간주하겠다고 했다.

오딘은 로키를 보내서 전 세계에서 가능한 한 많은 금을 모아오게 했다.

로키는 우선 바다 속에 사는 여신 란을 찾아가서 그물을 빌려와 용소 속으로 던졌다. 왜냐하면 폭포 옆 바위 안에는 난쟁이 안드발이 살고 있으며, 종종 꼬치고기로 변신해서 물고기가 많은 이 강을 헤엄쳐 다닌다는 것을 알고 있었기 때문이다.

로키가 그물을 던지자마자 금세 꼬치고기는 뛰어오르더니 그물에 잡히고 말았다. 그러자 로키는 안드발이 바위 틈새에 숨겨둔 보물을 전부 가져오지 않으면 놓아주지 않겠다고 말했다.

난쟁이는 자신이 갖고 있는 황금을 하나도 남기지 않고 전부 가져와 로키의 손에 넘겼다. 그러나 로키는 난쟁이가 팔찌 하나를 몰래 팔 위쪽으로 밀어 올리는 것을 보고, 다른 황금과 함께 그 팔찌도 내놓으라고 요구했다.

안드발은 이 팔찌만은 자기가 갖고 있게 해달라고 부탁하며, 이것만 있으면 다시 부를 축적하기가 쉽다고 말했다. 하지만 로키는 들은 척도 하지 않고 그 팔찌마저 빼앗아버렸다.

그러자 난쟁이는 자신의 바위 속으로 들어가면서, 큰소리로 "그 팔찌와 황금을 소유하게 되는 모든 사람에게는 죽음이 따르리라"

라고 저주를 퍼부었다.

로키는 그 말을 듣더니 되받아서 소리쳤다. "그런 말쯤에는 나는 눈도 깜짝 안 한다. 그것이 나에게 퍼붓는 저주라 하더라도 네 마음대로 해도 상관없다. 맹세하건대, 그 정도의 말은 보물을 갖게 된 사람의 귀에는 방울소리처럼 들릴 것이네."

그가 돌아와서 신들에게 황금을 보여주자, 오딘은 그 팔찌가 마음에 들어 당장 자신의 팔에 찼다. 그리고 나서 그들은 해달 가죽을 채우고, 다시 그 위를 황금으로 덮었다. 이 정도면 몸값으로 충분할 거라고 하며 프레이드마르에게 보였다. 프레이드마르는 해달을 꼼꼼히 살피더니, 수염 하나가 튀어나와 있는 것을 보고, 이것도 보이지 않게 해야 한다고 말했다.

그러자 오딘은 팔에 찼던 안드발의 팔찌를 빼서 내놓았다. 이것으로 몸값은 전부 청산한 셈이 된 것이다.

다음날 아침 오딘은 자신의 투창을 받아들고, 로키는 구두를 받아들었다. 그런 다음에 로키가 이렇게 말했다.

"헤어지기 전에 다시 한 번 말해두고 싶은 것이 있다. 안드발이 말하기를, 이 황금과 팔찌는 소유하는 모든 사람에게 죽음을 가져다준다고 했다. 이 점을 너와 네 일족은 명심하도록 해라."

그 말을 듣고 프레이드마르는 격노하며 소리쳤다. "너희 놈들이 나에게 준 보물이 완전한 화해와 우정을 위한 것이 아니라 음흉한 계략을 감춘 것이라는 사실을 알고 있었다면, 네놈들을 살려서 보내지는 않았을 것을…."

로키는 대답했다. "그 저주는 너와 네 일족에서 끝나는 것이 아니라, 아직 태어나지 않은 수령首領들이 그 보물을 둘러싸고 목숨을 건 싸움을 하게 될 것이다."

프레이드마르는 말했다. "빨리 꺼져버려. 내가 살아 있는 한 내 황금을 지킬 것이다. 네놈들의 협박 따위에 눈이나 깜짝할 줄 알아?"

그 후에 파프니르와 레긴은 신들이 지불한 보상금의 분배를 요구했다.

그러나 프레이드마르가 딱 잘라 거절하자, 파프니르는 밤중에 검으로 자신의 아버지를 찔러 죽였다. 죽기 직전에 프레이드마르는 자신의 아들에게 살해당하는 불행한 죽음을 딸에게 한탄했다. 딸 륑그하이드는 아버지에게 말했다. "어떻게 해야 제가 아버님의 죽음에 대한 보상금을 받을 수 있을까요? 자매가 형제에 대해 복수를 해도 되나요?"

그러자 프레이드마르는 말했다. "너에게 아들이 생기지 않으면 적어도 딸 하나는 반드시 낳아라. 그리고 그 딸에게 용감한 남편을 찾아주어라. 그렇게 하면 그 아들이 우리의 고통에 대해 보상을 해줄 것이다"

곧 프레이드마르는 죽었다. 파프니르는 보물을 독차지하고, 레긴이 유산의 분배를 요구하자 이렇게 말했다. "이것이 탐나서 나는 아버지를 죽이기까지 했다. 그런 것을 너에게 나누어줄 거라고 생각하니?"

그는 그 보물을 오로지 자기 혼자서만 소유하기를 원했던 것이다. 그는 그것을 산 위에 숨기고, 자신은 용이 되어 그 보물 위에 꼼짝도 하지 않고 누워 있었다.

한편 레긴은 덴마크의 얄프레크 왕을 찾아가서 대장장이가 되어 왕을 모시게 되었다.

여기서 이야기는 마침내 '파프니르 살해' 라고 불리는 이야기로 옮겨가게 된다. 즉 이 보물을 손에 넣은 지그르드(독일에서 말하는 지크프리트)가 어떻게 해서 얄프레크 왕을 찾아갔는지, 그가 어떤 부족 출신인지에 대한 이야기로 옮겨가는 것이다. (그렌벡 Vilhelm Peter Grönbech, 『북구신화와 전설Nordiska myter och Sagor』)

자연의 지혜—도덕을 무시한 교활함

아메리카 선주민이나 아이누족의 정겨운 신화에 익숙해 있는 여러분에게는 이 북구 신화의 세계가 무척 살풍경하게 느껴질 겁니다. 그중에서도 주목해야 할 차이점으로 인간의 '탐욕'이라는 주제를 표현하는 방법의 차이를 들 수 있습니다.

아메리카 선주민이나 동북아시아의 신화에서는 탐욕은 인간이 초월해야 할 근원적인 악의 하나로 여겨져 왔습니다. 먹을 것이나 여성, 혹은 부를 자기 혼자 독차지하고 타인에게 넘겨주지 않는 태도는 문화의 원리에 의해 유지되는 인간사회를 붕괴시킬 수도 있는 위험한 '동물적 행위'로 간주되었습니다. 그렇기 때문에 설령 동물적인 탐욕을 드러내는 인물이 등장하더라도, 결말 부분에서 그 인물은 멧돼지나 긴팔원숭이로 변해서 숲 속으로 사라져버리곤 합니다.

그런데 이 신화적인 이야기(신석기 시대의 신화가 소재로 사용되어 있으므로 그렇게 부르기로 하겠습니다)에서는 그렇게 간단하지 않습니다. 어떤 에피소드에서나 '탐욕'이나 '부의 독점', '교활함'이 중요한 플롯을 이루고 있으며, 게다가 신들은 스스로 그런 행위를 하더라도 아주 태연합니다. 그런 관점에서 이 이야기를 다시 읽어보기로 합시다.

프레이드마르의 세 아들 중의 한 명, 즉 고기잡이의 명인 오타르는 해달로 변해서 물고기를 잡는 능력이 뛰어났습니다. 그런데 그는 '먹을 것이 점점 없어지는 모습을 보지 않으려고' 눈을 감고 먹는 습관이 있었습니다. 음식을 먹는다는 것은 곧 먹을 것을 자신의 이로 파괴해서 자기 몸 안으로 집어넣는 걸 의미합니다. 말하자면 오타르는 이 파괴와 소비의 광경을 바라보는 것을 견딜 수가 없었던 겁니다.

이 부분에서는 오타르가 자신이 잡은 물고기를 먹더라도 소비되지 않고 자신의 몸 안에 '축적' 되어 있기를 바란다고 하는 메시지를 읽을 수 있을 겁니다. 눈을 감고 물고기를 먹는 해달의 모습은 무척 귀여워 보이지만, 거기서 축적에 대한 욕망을 읽을 수가 있습니다. 이 축적이야말로 프레이드마르 일가의 철학인 셈이므로 당연하다고 할 수 있을지도 모릅니다.

그러나 북구의 신화 세계에서 최고의 사기꾼이라 할 수 있는 로키의 교활함은 그보다 몇 수 위였던 셈입니다. 교활함이란 여우나 문어, 오징어, 전기뱀장어가 가지고 있는 '자연의 지혜' 의 특징을 나타냅니다. 문어는 몸의 색깔을 주위에 맞추어 변화시켜서 공격할 대상에게 자신의 모습이 보이지 않게 하고, 갑자기 습격을 하는 '교활한 지성' 의 소유자로 알려져 있습니다. 오징어는 자신이 친 연막 안에 몸을 감추고 적을 공격합니다. 여우의 교활한 지성에 대해서도 전 세계에 널리 알려져 있습니다.

동물들은 인간이 생각하는 도덕적인 선악 같은 것에는 전혀 개의치 않고, 자연의 지혜를 마음껏 발휘해 보입니다. 로키라는 신 역시 '자연의 지혜' 의 소유자로서 도덕을 무시하고 교활함을 발휘하고 있는 셈입니다.

황금의 저주

자신의 아들이 신들에게 살해당했다는 사실을 알게 된 프레이드마르는 즉시 보상금을 요구하는데, 그 금액을 결정하는 방법이 기발합니다. 아들 오타르의 죽음에 대한 보상금의 액수는 아들 자신이라고도 할 수 있는 해달의 가죽을 벗겨서 자루를 만들어, 그 안을 황금으로 가득 채우는 것으로 결정됩니다. 그 전까지 해달의 몸 안에 '채워져 있던' 생명을 대신해서 그에 대한 보상으로 황금을 가득 '채워라' 라고 요구하고 있는 셈입니다.

이 부분은 베니스의 상인 샤일록을 연상시킵니다. 샤일록은 훌륭한 상인으로서 인육人肉과 금화를 등가로 간주하려 하지만, 북구의 수장首長은 생명과 황금을 등가성의 것으로 계산하고 있습니다. 이 신화에 감도는 살벌한 분위기는 아무래도 아메리카 선주민의 신화 같은 곳에서는 결코 등장한 적이 없는 황금(금화)=화폐라는 존재가 던지는 어두운 그림자로부터 비롯된 것인 듯한 예감이 듭니다.

로키는 난쟁이 안드발을 표적으로 삼습니다. 안드발은 꼬치고기가 되어 용소 옆을 생활의 터전으로 삼고 있는데, 그 부근의 바위 틈새에 막대한 황금을 숨겨두고 있습니다. 정보수집의 대가인 로키는 그 사실을 이미 잘 알고 있었기 때문에 그를 표적으로 삼은 것입니다.

로키(Dumézil 『*Loki*』, Flammarion)

안드발은 로키의 계략에 걸려들어 황금을 전부 빼앗기고 말지만, 황금 팔찌만은 필사적으로 내놓지 않으려고 했습니다. 하지만 그것마저도 약삭빠른 로키에게 빼앗기고 말자, "그 팔찌와 황금을 소유하게 되는 모든 사람에게는 죽음이 따르리라"라는 저주의 말을 내뱉습니다. 그러나 선악의 구별을 무시하고 살아가는 로키는 그런 저주의 말에 눈 하나 깜짝 하지 않습니다. 그는 그 즉시 신들의 수장 오딘한테 보물들을 전부 가져갑니다.

황금의 산을 한 번 본 프레이드마르의 마음은 요물에게 홀리고 말았습니다. 황금도 저주를 받은 그 팔찌도 빼앗아, 이것으로 보상금 문제가 일단락이 지어졌다고 생각하려는 바로 그 순간, 로키가 프레이드마르를 향해 엄청난 '부채負債'를 부과하게 됩니다. 즉 로키는 안드발이 자신을 향해 퍼붓던 저주를 황금과 팔찌와 함께 고스란히 프레이드마르에게 넘겨줘버린 겁니다. 그리고 "그 저주가 네 일족에게 자손대대에 이르기까지 고통을 가져다줄 것이다"라는 예언을 남긴 채 그 자리를 떠나가버리는 것이었습니다.

저주는 곧바로 실행에 옮겨집니다. 파프니르는 아버지를 살해하고 보물을 독점하자 "산 위에 숨기고, 자신은 용이 되어 그 보물 위에 꼼짝도 하지 않고 누워 있었다"고 합니다. 파프니르도 언젠가 살해당하겠지요. 보물에 대한 욕망으로 인해 사랑을 잃은 일족은 그 이후에도 계속 견디기 힘든 비극을 겪게 됩니다. 이 이야기를 듣고 깊이 감동한 바그너는 거대한 악극 『니벨룽겐의 반지』로 발전시켰습니다. 이 작품은 근대 유럽인의 정신의 현상現狀과 미래의 운명을 유감 없이 표현한 걸작인데, 그 발단이 된 신화 이야기를 보면 하나같이 '돈'을 주제로 삼고 있습니다.

대장장이와 음악가

그런데 흥미로운 것은, 물 속에 살면서 황금을 지키고 있는 난쟁이들의 직업은 대개 대장장이라는 점입니다. 모루를 두드려서 뜨겁게 달군 금속의 형태를 변화시키는 기술자말입니다. 어떻게 해서 그것이 부의 관념과 연결되었을까요? 그것은 음악에 내재되어 있는 신비한 능력과 관계가 있습니다.

대장장이는 뜨겁게 달궈 부드러워진 금속을 두드려서, 어떤 형태를 가진 제품을 만들어냅니다. 그것은 화폐와 매우 유사한 것이 아닐까요? 화폐는 녹아서 부드러워진 금속의 유동체에 임금님과 같은 최고권력자의 인장이 찍힘으로 해서 유통이 허용됩니다. 대장장이가 취급하는 것도 금속의 유동체이며, 화폐 자체의 구조 역시 그와 유사하므로, 대장장이는 황금의 관리자로서는 가장 적합한 직업이었던 셈입니다.

그뿐만이 아닙니다. 전 세계의 신화에서 대장장이는 최초의 음악가로 묘사되어 있습니다. 과연 그 이유가 뭘까요? 음악 역시 눈에 보이지 않는 추상적인 유동체를 '두드려서' 그것으로부터 소리를 끌어내는 기술이기 때문이 아닐까요? 가장 오래된 음악 행위는 아마도 북을 두드리는 행위였을 겁니다. 북을 치는 행위에 의해 눈으로 볼 수 없는 추상적인 공간으로부터 소리의 덩어리를 두드려서 내보내려는 시도에서 음악이 비롯되었습니다.

이런 식으로 대장장이와 음악과 화폐는 서로 깊은 관련을 맺고 있는 셈입니다. 록 뮤지션이 몸에 금속을 주렁주렁 달고 싶어하는 이유도 아마 그 점과 관련이 있을 겁니다. 그는 유동체를 치고 두드려서 유동체에서 입자가 튀어나오도록 하는 기술자이므로 금속과 깊은 관련이 있는 건 당연하다고 할 수 있겠지요. 그리고 사회적인 신분제도를 뛰어넘어서 단번에 백만장자가 될 수 있는 직업이라는 것도 음악가의 매력으로 꼽히고 있습니다. 우리 사회에서 일어나고 있는 일들의 대부분은 이런 식으로 신화적 사고로부터 양분을 빨아들여서 자라난 것들이라고 할 수 있습니다.

화폐가 부의 관념을 바꾸다

고대 그리스의 현명한 왕 미다스는 화폐가 발명된 것을 알고 화폐를 손에 들고 들여다봤는데, 그 순간 끔찍한 예감에 휩싸여 들고 있던 화폐를 엉겁결에 떨어뜨리며 이렇게 외쳤다고 합니다. "이 화폐라는 것은 대지를 죽일 것이다." 미다스 왕은 화폐 그 자체가 대지에 대한 저주라는 것을 직감했던 겁니다. 화폐가 대지를 죽인다는 이 말에는 도대체 어떤 의미가 내포되어 있는 걸까요?

『볼숭 가의 사가』에서 물 속에 사는 난쟁이 요정 안드발은 바위 틈새에 막대한 황금을 숨겨두고 있습니다. 이 강의를 들어온 여러분은 물 속, 즉 바위 틈새에 존재하는 황금이라는 신화적인 관념으로부터 곧바로 구석기 시대의 호모 사피엔스들이 동굴 속이나 테라스의 갤러리에 동물이나 풍만한 여성의 몸을 그린 그림을 떠올리게 될 겁니다. 그 그림에서 '부富'라는 것은 자연(미다스 왕이 대지라는 단어로 표현하고자 했던 것은 바로 이 자연을 의미하는 거겠지요)이 행하는 순수 증여가 현실세계와 만나는 교차점에 출현합니다. 그러면서 '부'는 쉽게 소멸된다는 점이나 덧없음 등을 특징으로 하며, 죽음과 일체를 이룬 풍요로움을 상징적으로 표현하고 있습니다. 하지만 화폐의 출현은 부에 대한 그런 관념을 단번에 바꿔버릴 정도의 힘을 가지고 있었습니다.

일단 이 세계에 출현한 부가 황금 같은 것으로 만들어진 화폐에 의해 '표현' 되기에 이르면, 자연이 행하는 순수증여와 증여가 서로 만나는 영역에 출현한 부는 그렇게 간단히 소멸되지 않는 것으로 변하기 때문입니다. 증여사회의 사람들이 이 세상에서의 부의 발생이라는 문제에 대해 생각할 때 고안해낸 '순수증여' 를 하는 힘은 대부분의 경우 유동하는 영력으로 여겨졌습니다. 이 유동하는 영력에 대한 직관은 대지나 자연에 대한 사고와 감각을 키워왔는데, 그것이 이제는 금속의 유동체로 바뀌려고 했던 겁니다.

화폐는 금속을 녹여 만든 유동체에 왕들이 인장을 찍음으로써 가치를 표현하고 유지시키는 물질로 변합니다. 그 과정을 지켜보고 있던 미다스 왕은 직관에 의해 그 화폐에서 조만간 세계의 모습을 완전히 바꾸어버릴 만한 불길한 변화의 징조를 감지했던 셈입니다. 표현이 현실 위를 뒤덮는 바로 그 순간부터 현실은 보이지 않게 되고, 그러다가 그것이 존재했다는 사실조차 기억으로부터 사라지게 됩니다. 화폐는 교환이 이루어지는 과정에서 필연적으로 발생하는 것입니다. 하지만 화폐에 의해 부가 표현되고 계산되고 유지되다 보면, 순수증여라는 '실재' 는 말살되고, 그러다가 결국 아무에게도 보이지 않게 되어버린다는 사실을 미다스 왕은 직감했던 셈이지요.

실제로 동일한 유동체라 하더라도 증여 중심 사회의 사람들이 인식한 영혼과, 화폐의 토대가 되는 금속 사이에는 근본적인 차이가 있습니다. 순수증여를 하는 힘, 혹은 영혼이라는 이름으로 불리기도 하는 그 힘은 사회나 지知의 '밖' 에 존재하는 것입니다. 따라서 영력이 가져다준 선물을 '물' 로서 사회 안으로 가지고 들어올 수는 있어도, 부나 풍요로움의 원천이 사회나 지의 내부로 들어오는 경우는 절대로 없습니다. 그것은 언제까지고 '밖'에 머물러 있습니다.

그런데 화폐의 형태로 변형된 부는 부를 낳는 원천을 그대로 고스란히 사회 내부로 가지고 들어갑니다. 그때까지 부의 원천은 자연이나 신의 소유로서 사회의 '밖'에 있었는데, 화폐는 그것을 사회 내부로 들여와서 모든 것을 '인간화' 해버리는 능력을 가집니다.

국가와 화폐가 초래한 '혁명'

화폐에 대해서 일어난 것과 똑같은 과정이 '왕'이나 '국가'의 발생 현장에서도 일어났다는 것을 여러분은 눈치 채셨나요? 〈카이에 소바주〉의 제2권 『곰에서 왕으로』에서 검토한 바와 같이, 국가를 갖지 않은 사회(예를 들면 조몬繩文사회와 같이 신석기시대의 특징을 가진 사회를 가리킵니다)에서는 권력의 원천은 자연에 있었지, 사회 내부에는 없었습니다. 그렇기 때문에 사회적 리더인 수장에게는 거의 강제력이 주어지지 않았던 겁니다.

그런데 왕과 국가가 출현하면서 사태는 돌변하고 맙니다. 수장의 권력과 샤먼이나 전사戰士의 기능이 통합되면서 탄생한 왕은, 자연 쪽에 있던 권력의 원천을 자신이 체현하겠다고 선언함으로써, 권력의 원천을 사회 내부로 들여와 모든 것을 '인간화' 해버리기 때문입니다. 왕은 일단 사회 내부로 들어오게 된 권력의 원천을 절대로 밖으로 유출시키려 하지 않았습니다. 그렇기 때문에 죽음과 재생의 드라마로서 연기되는 왕권을 상징하는 의례를 연출해, 몇 번이고 그 권력을 확실하게 자기 소유로 해두고자 했습니다.

	비국가적 사회	국가적 사회
권력의 원천	(−)	(+)
	증여적 사회	화폐적 사회
부의 원천	(−)	(+)

(+)는 사회의 내부, (−)는 사회의 외부를 나타낸다

　여기서 우리는 중요한 결론에 도달하게 됩니다. 국가와 화폐는 신석기 시대의 특징이 남아 있던 사회에 혁명적인 변화를 초래한, 인류의 마음의 구조의 변화에 의해 발생한 것으로서, 그 본질이 완전히 똑같다는 결론입니다.

　『볼숭 가의 사가』는 바로 그런 마음의 구조의 변화과정을 생생하게 보존하고 있는 듯이 여겨집니다. 유동체인 물이 고이는 곳(용소) 바닥에 숨겨져 있는 황금과 팔찌는, 부의 원천이 자연의 내부에 있던 시대와, 화폐로서 사회 내부로 들어오게 된 시대 사이의 정확히 중간 상태를 나타냅니다.

　이따금 꼬치고기로 변신하는 난쟁이 안드발은 그 보물을 지키고 있을 뿐으로, 부를 창조할 능력은 이미 상실한 상태입니다. 그리고 로키의 교활하기 짝이 없는 지성이 물 속에 숨겨져 있던 보물을 인간 사회로 들여와버립니다. 그러자 그 순간 부를 독점하려는 마음, 이기심, 시기심, 동료와의 불화, 불신감과 같은, 우리 사회를 움직이고 있는 진정한 원동력이라 할 수 있는 모든 악덕이 세계의 표면으로 튀어나오게 됩니다.

　『볼숭 가의 사가』나 『니벨룽겐의 반지』를 배후에서 조종하고

있는 것은 화폐에 숨겨져 있는 원시적인 마력이었습니다. 그 점을 파악한 바그너는, 부라고 하는 것이 신이나 왕, 귀족, 자본가와 같은 개인적인 권력에 의해 독점되고, 축적되고, 정체되어버린 사회를 급진적으로 변혁시켜서, 화폐로 표상되는 부가 사회 전체를 자유로이 유통할 수 있는 미래를 악극 『니벨룽겐의 반지』에서 노래하려 했다고도 할 수 있지 않을까요?

그는 머지않아 탄생하려고 하는 공화제에 대해 적대적인 봉건 영주들의 본질을, 몰래 보물을 숨겨두고 있는 신들에 대한 은유로 인식했던 셈이지요. 그리고 황금 팔찌(반지)의 마력으로부터 인간을 해방시켜서, 모든 부가 사회 전체를 자유롭게 유통할 수 있는 시민사회를 꿈꾸었습니다. 리하르트 바그너는 칼 마르크스와 동시대인입니다. 바그너는 마르크스와는 다른 방식으로 음악에 의해 '경제학비판'을 실천한 거라고 생각합니다. 『니벨룽겐의 반지』가 탄생시키고자 한 것, 그것은 바로 시장경제사회였습니다.

코르누코피아가 성배聖杯로 바뀔 때

'숨겨진 금'에 관한 이야기에는 유통이 정지된 채 축적되어가는 부가 표현되어 있습니다. 이 이야기들은 교환이 이루어지는 과정에서 탄생한 화폐에 대한 사고와, 아주 오래된 형태의 마술적인 증식에 대한 사고가 직접적으로 뒤섞인 결과 탄생한 것들입니다.

화폐 본래의 기능은 원활하고 합리적인 가치의 유통에 있었습니다. 그런데 황금을 비롯한 귀금속에 왕의 인장이 찍혀 있는 화폐는

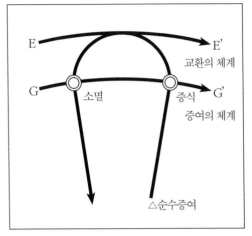

그 자체만으로 스스로의 힘에 의해 부를 낳는 '코르누코피아' 형 증식이 가능하리라는 상상을 불러일으켰습니다. 그 결과 지하나 수중에서 잠자고 있는 보물을 둘러싼 다양한 신화적 이야기가 탄생했던 겁니다. 구석기 시대의 호모 사피엔스가 동굴의 벽면에 동물의 모습으로 묘사했던 원초적인 '부'의 개념은, 화폐라고 하는 새로운 사고법의 출현의 부추김을 받아서 은은한 빛을 발하는 황금 덩어리로 변화해갔던 셈입니다.

교환—증여—순수증여가 형성하는 전체성 속에서 이런 사고법은 어떤 형태를 취하게 될까요? 그것을 위와 같은 도식으로 나타내봤습니다.

순수증여의 역선은 커다란 곡선을 그리며 교환의 체계와 만납니다. 하지만 황금 덩어리만을 분명한 흔적으로 남기고, 곧바로 교환의 체계로부터 멀어져갑니다. 이 상태로는 부는 사장死藏되고 맙니다. 즉 그 부가 상인의 손으로 넘겨져 사회에서 폭넓게 유통되는 사태는 발생할 수 없을 겁니다.

그래서 중세 유럽의 사람들은 다음 121쪽의 도식과 같은 상태가 실현될 필요가 있다고 생각했던 겁니다.

이런 상태가 실현되기 위해서는 황금 덩어리가 추상적인 숫자나 기호의 나열로 이루어진 교환의 체계와 깊숙히 교차해야만 합니다. 이런 사회적 요청을 유럽에서는 부의 원천인 코르누코피아의 '정신화精神化'라는 방법에

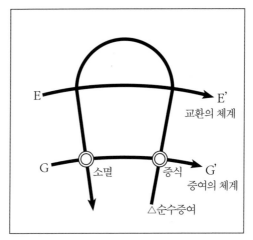

의해 멋지게 해결해, 자본주의로 향하는 길을 개척했습니다. 물론 기독교도 지대한 역할을 했습니다. 동굴 속에서 탄생한 부에 대한 관념에서, 지하에 숨겨져 잠들어 있는 금에 대한 관념으로 전개되어간 코르누코피아의 개념은, 12~13세기에 기독교에 의해 정신적인 요소가 가미되면서 '성배Holy Grail'의 개념으로 변화해갔습니다.

성배 탐구의 유행과 자본주의의 탄생

이 점에 대해 바그너는 이미 다음과 같이 기술한 바 있습니다(『니벨룽겐 또는 사가에 나타나 있는 세계의 역사, 그리고 마크 쉘Marc Shell 『화폐 · 언어 · 사고Money, Language, and Thought』).

중세에 널리 퍼져 있던 니벨룽겐의 숨겨진 보물에 대한 전설에서는, 보물이 숨겨진 토포스topos에 있어서 이상과 역사적 현실(바

그녀는 이것을 역사적 현실로 생각하고 있었습니다)이 하나로 연결되어 있었다. 그런데 점차 이 전설은 인기가 없어지고 그 대신에 성배 전설이 인기를 얻게 되면서 그와 동시에 상인계급의 힘이 강해졌다. 니벨룽겐의 숨겨진 보물에서는 하나로 연결되어 있던 이상과 현실이, 한쪽은 성배를 둘러싼 이상화된 토포스를 향해서, 그리고 다른 한쪽은 현실의 자본주의 경제의 기초를 다지는 방향으로 분열을 일으키게 된 것이다.

이렇게 바그너는 생각했던 겁니다.

실제로 12세기 후반이 되면 이탈리아의 북부나 프랑스의 중부를 중심으로 상인의 활동이 활발해집니다. 신기한 것은 그와 동시에 성배 전설이 사람들의 마음을 강렬하게 사로잡기 시작했다는 점입니다. 특히 당시에 프랑스 중부의 상업도시 트루아에 거주하고 있던 시인으로, 본래는 유태인 출신이지만 기독교도로 개종한 것으로 알려져 있는 크레티엥 드 트루아Chretien de Troyes(트르와의 기독교도라는 뜻)에 의해 씌어진 『페르스발 혹은 성배 이야기Perceval ou le Conte du Graal』는 순식간에 많은 독자를 획득하여 이 세상에 성배 탐구의 붐을 일으켰습니다.

그것은 참으로 기발한 전설이었습니다. 예수 그리스도가 생전에 사용했다는 잔이 있습니다. 그 잔은 13인의 제자들과 최후의 만찬을 할 때 음식을 담기 위해 사용되었으며, 예수가 처형을 당할 때는 십자가에 못 박힌 예수의 몸에서 흘러나오는 피를 받는 데 사용되기도 했습니다. 그래서 제자나 신도들은 그 잔을 특별한 보물로 여기며 소중히 지켜왔습니다. 그런데 로마인에게 예수님의 유해를 받아 무

성배. 흰색 테이블은 아서왕 전설의 원탁을 나타낸다
(Marc Shell , 『Money, Language, and Thought』, Johns Hopkins University)

덤에 매장한 아리마대의 요셉은, 예수님이 돌아가신 후에 곧바로 마리아를 비롯한 여러 사람들과 함께 그 성배를 들고 몰래 팔레스티나를 탈출해, 해로를 이용해서 마르세유에 상륙했다고 합니다.

마르세유에는 기원전부터 이미 상당한 규모로 유태인들의 집단거주지가 형성되어 있었기 때문에, 요셉 일행은 마르세유를 중심으로 예수의 가르침을 전파해갔습니다. 그때도 성배의 존재는 마치 그리스도의 강림을 의미하기라도 하듯이 신비로운 빛을 발하고 있었습니다. 그런데 오랜 세월이 흐르면서 어느덧 성배의 행방이 묘연해지고 말았던 겁니다.

그러나 중세 말기에 이르자, 이 성배가 여전히 프랑스 남부나 스페인의 성에 숨겨져 있으며, 덕망이 높은 '성배의 기사'의 수호에 의해 안전하게 있다는 이야기가 유포되었습니다. 이 성배는 아주 근사한 특성을 가지고 있는 것으로 알려져 있었습니다. 이 성배는 오래된 전설인 코르누코피아와 마찬가지로, 온갖 소망을 들어주고 풍요로운 부를 샘솟게 하고, 또한 지상과 천상의 모든 위력과 권력을 부여해줄수도 있으며, 사람들에게 그리스도가 설파한 진리의 은혜를 베풀어줄 수 있는 힘도 가지고 있다고 사람들은 생각했습니다. 요컨대 성배는 '정신화된 부'를 표현하는 가장 성공적인 이미지였던 셈입니다.

비물질화非物質化되는 부

크레티엥 드 트루아는 이 전설을 켈트 전승인 '아더 왕 전설'과 연결시켜 『페르스발Perceval』이라는 작품을 썼으며, 이것을 읽은 리하르트 바그너는 깊은 감동을 받아, 그 이야기를 토대로 해서 새로운 악극을 작곡하려는 생각을 하게 됩니다. 바그너에게는 이 이야기가 『니벨룽겐의 반지』이래로 자신이 추구해왔던 테마와 똑같은 것을 추구하고 있는 것처럼 느껴졌습니다.

바그너는 세계를 움직이는 원동력이라 할 수 있는 '힘과 부의 원천'에 대해 알고 싶다는 열망을 가지고 있었습니다. 바그너는 인류 최고最古의 부의 개념인 코르누코피아가 어떤 형태로 발전해 가면 인류 전체를 행복하게 할 수 있는 새로운 '힘과 부의 원천'이 될 수 있을 것인지에 대해 진정으로 알고 싶어했습니다.

그는 숨겨진 보물을 둘러싼 오래된 게르만의 신화에는 한계가 있다는 것을 잘 알고 있었습니다. 왜냐하면 황금이 갖고 있는 물질성의 마력에 사로잡힌 인간은 그것을 영원히 소유하고 싶어할 것이며, 그것을 획득하기 위해서 피투성이의 싸움을 하게 될 테니까요. 인간

의 새로운 세계를 개척해가
기 위해서는 그런 식의 부
의 관념은 근본으로부터 변
화해야만 하겠지요.

그래서 이 천재적인
음악가는 황금으로 이루어
진 화폐의 부를 비물질화하
는 것이 좋겠다는 생각을
하게 되었습니다. 기원전 3
세기에 프토레마이오스 3

프레토마이오스 3세의 금화
(마크 쉘, 앞의 책)

세가 주조한 금화의 표면에는 무궁무진한 부를 산출한다고 하는 코
르누코피아의 그림이 새겨져 있습니다(위의 사진).

화폐가 구석기 시대 이래로 인류가 가지고 있던 '부의 관념'을
발달시킨 것임에는 틀림없지만, 그것을 토대로 자유로운 시장경제
한 사회를 이룩해가기 위해서는, 화폐에 딱 달라붙어서 일종의 마력
을 부여해왔던 '물질성物質性'을 제거해갈 필요가 있겠지요. 코르누
코피아는 '정신화' 되어야만 한다고 생각한 바그너는 곧바로 그의
최후의 악극이 된 『파르지팔Parsifal』의 작곡에 착수했습니다.

자본주의와 성배 전설

이런 '비물질화'에 의해 화폐는 스스로를 현실에 얽어매고 있는 물
질성의 굴레로부터 해방되어, 순수한 기표에 접근하게 됩니다. 즉 현

성배의 성 입구에 서 있는 파르지팔. "자 잘 보거라. 여기서는 시간과 공간이 일체를 이루고 있다."
(Wagner 『Parsifal₄ , Rowohlt)

실의 중압감에서 해방되어 가상의 공간 속에서 이루어지는 경제활동을 향해 확실하게 한 발 다가갈 수 있게 된 셈입니다. 이것은 상인들이 은근히 바라던 바이기도 합니다.

우리는 오늘날 그런 가상화된 경제활동이 초래하는 것에 의해 도리어 고통을 당하기 시작하고 있습니다. 하지만 부의 비물질화에 대한 소망은 구석기 시대의 호모 사피엔스의 뇌에 '부'에 대한 사고가 싹튼 순간부터 이미 세계에 정해진 방향 중의 하나였다는 것을 인정해야만 합니다. 우리의 사고가 그 점을 인정하고 그것을 출발점으로 삼아야만 진정으로 바람직한 결과를 얻을 수 있을 겁니다.

유럽에 자본주의가 본격적으로 태동을 시작한 바로 그 시대에,

누군가가 의도한 바도 아닌데 느닷없이 '성배 전설'이 표면으로 떠오르게 되었습니다.

인류의 무의식은 참으로 엄청난 예지능력을 감추고 있습니다. 마치 무의식 상태에서의 사고에 의해 정확하게 미래를 꿰뚫어볼 수 있는 것처럼 여겨질 정도입니다. 음악에 의한 '경제학자' 리하르트 바그너 역시 그와 마찬가지로 무의식 상태에서의 사고에 의해 미래를 확실하게 예지했습니다. 건설적인 사고이든 아니든 간에, 여하튼 모든 창조적인 사고는 그런 식으로 진행되어왔다고 할 수 있습니다.

V

최후의 코르누코피아

Nakazawa Shinichi
Cahier Sauvage Series

중농주의와 중상주의

코르누코피아는 무궁무진한 부를 산출하는 신비한 그릇입니다. 그것은 3만년이라는 오래 세월에 걸쳐서 인류가 '증식'이라는 문제를 생각하려 할 때마다, 각 시대에 적합한 다양한 이미지의 형태를 띠고 등장해왔습니다. 우리는 이제부터 드디어 자본주의가 이 증식이라는 문제를 어떻게 이해해왔는지에 대해 생각해보고자 합니다. 그럴 때 변형된 형태의, 일종의 의사疑似 코르누코피아가 활발한 활동을 하고 있는 모습을 보게 될 겁니다. 그러나 거기서는 코르누코피아의 본질에는 이미 근본적인 변화가 일어난 상태입니다.

현대에서도 존 갈브레이스John K. Galbraith와 같은 경제학자가 주장하는 '풍요로운 사회'의 이미지 속에, 코르누코피아의 개념이 현대적으로 표현되어 있는 것을 발견하고 깜짝 놀란 적이 있습니다. 정말로 그런 '풍요로운 사회'의 실현은 가능할까요? 자본주의라는 시스템의 본성을 생각해보면, 그럴 가능성은 거의 없어 보입니다. 우리는 이번 강의에서 '풍요로움'이라는 단어에 의해 인간이 표현하려 해왔던 것의 심층으로 들어가보고자 합니다. 그런 시점에 입각하면, 자본주의는 근본적으로 그 구조상 인간의 마음에 '풍요로움'을 가져다줄 수 없을 것 같다는 생각이 들게 됩니다.

이 점에 대해 공공연하게 이야기된 적은 없습니다. 하지만 바로 그렇기 때문에 근대의 경제학은 과거에도 그리고 지금도 코르누코피아를 둘러싼 신화적 사고로부터 많은 양분을 빨아들이려고 해왔던 것이 아닐까요? '증식'이라는 문제를 합리적인 사고로만 이해하는 것은 무척 어려운 일입니다. 따라서 경제학자들조차도 종종 신화적 사고의 힘에 호소해 난국을 타개하고자 해왔던 거라고 생각합니다.

그중에서 가장 매력적인 경우를 '피지오크라시physiocracy' 이론에서 찾아볼 수가 있습니다. 피지오크라시는 보통 '중농주의'로 번역됩니다. '머컨틸리즘mercantilism(중상주의)'의 반대되는 개념이라는 의미로 그렇게 불리는 셈이죠. 피지오크라시 이론의 핵심은 부의 증식이 화폐에 의해 일어나는 것이 아니라 대지로부터 발생하는 것으로 간주한다는 데 있습니다. 그리고 신앙심이 돈독한 사람들이 성배 주위를 에워싸는 것만으로는 현실의 물질적인 부가 발생하지 않지만, 인간이 대지에 대해 노동을 가함으로써 대지는 풍요로움을 증여하며, 게다가 그 증여는 무상의 증여라는 것이 피지오크라시 이론의 기본 틀입니다.

중상주의자들은 교환 과정에서 부의 증식이 발생하는 것으로 생각했지만, 중농주의자들은 그렇게 생각하지 않았습니다. 그들은 부의 증식이 증여의 원리와 관련이 있을 것 같다는 것을 강력하게 주장했습니다. 그리고 그들은 부의 증식에 결정적인 역할을 하는 것은 바로 우리가 말하는 '순수증여'라고 생각했습니다. 중농주의로부터 진정한 근대경제학이 시작되었다고 하지만, 중농주의에서 교환보다도 증여가 훨씬 중요시되었다는 점에 대해서는 묘한 느낌이 들지 않을 수 없습니다.

12~13세기의 유럽에서 눈부신 빛을 발하는 성배로서 '정신화'되었던 코르누코피아의 개념은, 18세기의 대농업국 프랑스에서 '경리화經理化'되어 새로운 형태로 소생했습니다. 혁명이 발발하기 직전에 베르사유 궁전 한 구석에서, 한 천재적인 의사의 머릿속에 떠오

른 이 이론을 통해서, 무척 오랜 내력을 가진 이 개념은 경제학 이론의 중심부를 향해 눈부신 진출을 하게 되었습니다. 중농주의 이론과 더불어 이제는 대지 자체가 코르누코피아가 된 셈입니다.

국부와 화폐량

중농주의 사상을 창시한 것은 루이 15세의 전의典醫였던 케네 Francois Quesnay입니다. 루이 15세에게는 퐁파두르 부인이라는 애인이 있었습니다. 케네는 이 여성의 히스테리로 인한 지병을 치료해 준 이후로 총애를 받게 되어, 베르사유 궁전에 방 하나를 차지하게 되었다고 합니다. 당시 프랑스에서는 재상 콜베르에 의해 중상주의적 정책이 강력한 영향력을 발휘하고 있었습니다. 그로 인해 본래 농업국이면서도 프랑스의 농촌은 황폐해졌으며, 국가재정은 날로 궁핍해져갔습니다.

　콜베르는 다음과 같은 생각을 가지고 있었습니다. "한 나라의 부를 이루는 것, 그것은 정화正貨(명목名目 가치와 소재素材 가치가 일치하는 본위 화폐를 일컫는 말―옮긴이)가 풍부해지는 것이다."

　그는 이런 중상주의적 사고를 가지고 있는데다가 극단적인 국가주의자이기도 했습니다. 그렇기 때문에 국민의 생활을 풍요롭게 하기 위해서라기보다도 '국가의 위세와 권력을 강화시키기 위해서'라는 이유로 유럽 전체를 적으로 만들면서까지 화폐 획득을 위한 경쟁에 총력을 기울였습니다.

부에 어떤 유일한 종류가 존재한다면 그것은 화폐이며, 모든 국민에게 있어서 늘리는 것도 줄이는 것도 불가능한 화폐의 일정한 보유량이 있다는 것은 모든 사람들이 확신하는 바이다. 따라서 그것은 혼자 독점해야만 한다(고이케 모토유키小池基之『케네 '경제표' 재고ケネ─「經濟表」再考』에서 인용).

콜베르의 이런 연설을 듣고 있으면, 우리는 니벨룽겐의 황금을 독점하려 했던 북구신화의 등장인물들을 떠올리지 않을 수 없습니다.

많은 화폐를 모으기 위해서는 시장을 확대해야만 합니다. 시장의 확대를 위해 계속되는 전쟁과 왕실의 사치 로 인해 프랑스의 국력은 극도로 쇠퇴한 상태였습니다. 이런 위기의 시대에 왕실의 전의라고는 하지만 일개 의사에 불과한 케네가 새로운 경제사상을 손에 들고 등장했습니다.

부를 증식시키는 것

그는 의사였기 때문에 당시 의사 하베이Harvey에 의해 밝혀진 혈액순환이론을 정확하게 이해하고 있었습니다. 혈액이 체내를 순환하듯이, 유기체로서 살아 있는 우리 사회의 경제 역시 커다란 규모의 순환을 하고 있음에 틀림없습니다. 정맥과 동맥이 다른 방향으로 혈액을 흘려보내듯이, 경제에서는 지출과 수입에 의해 다른 방향으로 흘러가는 가치(이것은 이미 18세기의 이야기이므로 당연히 화폐로 환산이 가능한 가치입니다)의 총순환이 유기체의 생명을 유지하기 위한 '재생산'을 하고, 그 과정에서 잉여분으로서의 순익이 발생해 부가 증식되어갑니다.

　케네는 경제의 유통이 우리 몸에서의 혈액과 동일한 역할을 해서 생명을 이어가는 사회가 스스로를 유지(재생산)하면서 부를 증식해가는 과정의 비밀을 밝히고자 했습니다. 케네는 화폐 자체는 부의 본체가 아니라는 사실을 잘 알고 있었습니다. 화폐가 아무리 늘어나도, 사회의 실제의 부는 조금도 늘어나지 않는 법입니다. 게다가 상인이 자신이 가지고 있는 상품을 실제보다 비싼 가격으로 팔았다고 해서, 그로 인해 사회 전체의 부가 늘어나지도 않습니다. 한쪽에서 이득을 보는 사람이 있으면, 다른 쪽에서는 손해를 보게 됩니다. 결국 정산을 하면 제로가 되므로 부의 증식은 일어나지 않습니다.

　장인匠人들이나 공업노동자가 하는 작업도 부를 증식시키지 않는다는 것이 케네의 생각이었습니다. 그들의 작업은 노동을 투입해, '물'을 다른 형태의 '물'로 변형시킬 뿐으로, 실질적인 증식이 일어나는 것은 아니라는 논리입니다. 케네가 생각하는 '증식'은 실제로 '물'의 가치나 양이 늘어나지 않으면 의미가 없는 것입니다. 케네는 『곡물론*Grains*』에서 이렇게 기술하고 있습니다.

> 공업의 노동은 부를 증식(multiplier)시키지 않는다. 농업의 노동은 경비를 보상하고, 농업 노동에 대해 지불을 하며, 농업 경영자에게 이득을 주고, 토지의 수입을 생산한다.
> 공업 가공품을 구입하는 것은 제반 경비를 지불하고, 노동에 대해 지불을 하고, 상인의 이득을 지불하지만, 이 가공품은 그 이상의

어떤 수입을 생산하지는 않는다. …이와 같이 공업 가공품에는 부의 증식은 없다. 이 가공품의 가치의 증대란 곧 공업 노동자가 소비하는 생필품의 가치의 증대에 불과하기 때문이다.

케네가 살았던 시대의 장인들은 자신에게 필요한 생필품을 구입하기 위해서 노동을 했을 뿐, 그 이상의 노동은 하지 않았습니다. 즉 그들이 제조하는 것의 가격(기본가격)은 '원료의 가격＋그들의 생활비의 가치'로 결정되었습니다.

고급 가죽가방을 만드는 장인의 기술이 소문이 나서, 가방의 가격이 오르는 경우도 있을 수 있겠지요. 뷔통 씨가 만든 가방처럼 말입니다. 그런 경우에도 뷔통 가家의 생활이 유복해져, 소비하는 생필품이나 사치품의 가치는 늘어가겠지만, 가방의 판매가격이 기본가격과 동일하다는 조건에는 전혀 변함이 없습니다. 여기서는 케네가 주장하는 '순생산純生産produit net'이 발생하지 않습니다.

'대지의 선물'＝농업

그러면 근대사회에 있어서 진정한 '코르누코피아'는 어디에 존재하는 걸까요? 코르누코피아는 사회의 부를 증식시켜가는 것이므로, 재생산을 위해 필요한 가치를 초월한 가치, 즉 '잉여가치＝순생산'이 발생하는 것이어야만 합니다. 케네는 그런 순생산을 발생시키는 능력을 가지고 있는 것은 자연의 대지뿐이라고 생각했습니다.

장인이나 공업노동자의 경우는 대상이 되는 '물'에 대해 노동을 가하지만, 그 '물'은 그들의 노동에 부응해서 스스로의 내부로부터 뭔가 가치 있는 것을, 마치 '선물'을 하듯이 주거나 하지는 않습니다. 광산에서 일하는 노동자는 대지의 밑바닥에서 유용한 금속 원료를 캐내는 작업을 하지만, 이 노동은 자연이 자신이 가지고 있는 것을 자진해서 인간에게 주고 있다기보다도, 어딘가 억지로 끌어내서 빼앗고 있다는 인상을 줍니다. 대지와 자연이 인간의 노동에 부응해서 어떤 자발적인 생산을 실현하고 있는 경우는 오로지 농업밖에 없지 않을까요?

　　케네는 이 점에 주목했던 겁니다.

　　이것에 대해 '부의 창출'을 말하는 경우에는 그 기본가격을 상회하는 판매가치의 초과분이 문제가 된다. '순생산'이란 바로 '대지의 선물dons de la terre'로부터 창출되는 이윤인 셈이다.

　　의식이 거행될 때의 노래나 춤, 혹은 돈독한 신앙의 부추김을 받게 되면, 예전의 코르누코피아는 풍요로운 부(물질적＋정신적)를 자신의 내부로부터 아낌없이 퍼주었다는 점에서 매우 인심이 좋다는 특징을 가지고 있었습니다. 그런데 근대에 이르자 코르누코피아도 자신에게 제공되는 '노동'이 없으면 더 이상 어떤 '선물'도 보내주지 않게 되었습니다. 이제는 마술이나 신앙이 아니라 노동자가 행하는 노동만이 코르누코피아를 움직여서 그 은총을 받을 수 있는 권리를 갖게 된 셈입니다.

　　그러나 어떤 노동이라도 상관없는 것은 아닙니다. 코르누코피아는 아주 오래 전부터 사랑이 깃든 행동만을 받아들여왔는데, 근대에 들어서도 그 조건은 변하지 않았습니다. 그래서 대지에 대한 사랑이 깃든 노동, 즉 농업만을 자신의 친구이자 애인으로 인정했던 겁니다.

따라서 대지가 바로 근대의 코르누코피아인 셈입니다. 농업 '노동자'는 이 대지에 대해 섬세한 기술을 갖고 대합니다. 대지를 위협하거나 도발하거나 무리한 행동을 강요하거나 착취하거나 하는 것은 금물입니다. 그런 행동을 하면 처음 얼마동안은 대지 내키지 않더라도 자신이 가지고 있는 부의 일부를 나누어주겠지만, 그러다가 점점 말수가 적어지고, 결국은 침묵의 봄을 맞이하게 되겠지요.

케네의 '경제표'

이제까지 오랜 시간에 걸쳐서 '증여론'을 공부해온 여러분은 그런 행동이 증여에서는 가장 잘못된 방법이라는 것을 잘 알고 있습니다. 사랑의 행위와 마찬가지로, 자기가 원하는 것이 무엇인지를 아는 것보다는 우선 상대방이 무엇을 원하는지를 아는 것이 중요합니다. 증여에서 가장 필요한 것은 이렇게 상대방을 배려하는 섬세한 마음입니다.

케네는 노동으로부터 진정한 순생산=잉여가치가 발생하는 조건을 찾는 과정 중에, 자신도 모르는 사이에 점점 '증여론'의 사고법에 접근하고 있었습니다, 그는 최초의 근대적인 정밀과학으로서의 경제학의 원형을 그 유명한 '경제표Tableau économique'로 창조

경제표 (원표 제1판)

수입의 지출
수입은 다음과 같이 분할된다

생산적 지출, 연간 선불 — 비생산적 지출, 연간 선불

농업, 초원, 목초지, 삼림 등에 의해 곡물, 음료, 식육, 목재, 가축, 수공업상품의 원료 등의 형태로 이루어진다. 한쪽 지출계급으로부터 다른 쪽 지출계급으로의 상호적 매각은 양자가 서로 400리브르의 수입을 배분하는 것으로, 즉 양쪽에 각각 보전補墳되는 선불 외에 200리브르를 준다. 수입 400리브르를 지출하는 지주는 이 400리브르에서 그의 생활자료를 빼낸다. 각 계급에 배분된 200리브르는 거기서 사람 한 명을 부양할 수 있다. 수입 400리브르는 이처럼 세 명의 가장의 생활을 가능하게 한다. 마찬가지로 4억의 수입은 유아를 제외하고 1가족당 3인으로 이루어진 300만 가족의 생활을 가능하게 한다. 생산적 지출계급의 경비는 이렇게 해서 매년 재생해, 그 약 반절이 인간노동과 교환이 가능한 임금으로서 존재하는 것으로, 이것은 2억의 추가분이 되어, 1인당 200리브르의 가장을 100만 명을 추가로 생존할 수 있게 하는 셈이 된다. 이와 같이 토지로부터 매해 발생하는 연간 수입 6억은 이런 유통 및 배분의 질서에 따라, 1200만 명의 생존을 가능하게 할 것이다.

수공업상품, 주택, 조세, 금리, 하인, 상업경비, 외국산제품 등의 형태로 이루어진다. 수입 400리브르를 배분하는 한쪽 지출계급으로부터 다른 쪽 지출계급으로의 상호적 매각. 양 계급은 일부분을 자기와 같은 계급에게, 다른 부분을 서로 다른 계급에게 지출한다.

유통은 이 난欄에 400리브르를 가져다주며, 거기에서 연간 200리브르의 선불을 빼내야 하므로, 지출을 위해 여기에 200리브르가 남는다.

이 〈비생산적〉 지출계급에게 전가轉嫁되는 조세는 본래는 수입과 재생산적 지출계급에 의해 이 비생산적 지출계급에게 주어진 것이어서, 이 계급 안에서 갈 곳이 없어지게 된다. 단, 재생산적 계급에게 전가되는 것을 제한다. 이 재생산적 계급에 있어서 조세는 이 동일한 계급에게 배분되는 수입과 거의 같은 질서에 의해 재생된다. 하지만 조세는 지주의 수입에 대해서도, 경작자의 선불에 대해서도, 그리고 소비를 공제하고 이루어진 저축에 대해서도 항상 유해하다. 후자의 두 경우에 있어서 조세는 파괴적이다. 왜냐하면 그 정도로 재생산을 감소시키기 때문이다. 순환되지 않고 외국으로 옮겨가는 조세도 마찬가지이며, 징세와 지출을 관장하는 징세청부인의 화폐재산이 되어 정체되어 있는 조세도 마찬가지다.

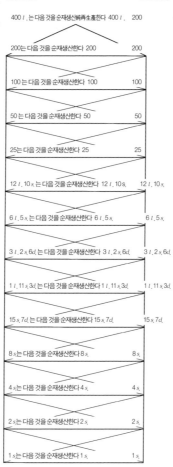

생산적 지출 연간 선불		비생산적 지출 연간 선불
400 *l*. 는 다음 것을 순재생산純再生産한다 400 *l*.		200
200는 다음 것을 순재생산한다 200		200
100 는 다음 것을 순재생산한다 100		100
50 는 다음 것을 순재생산한다 50		50
25는 다음 것을 순재생산한다 25		25
12 *l*. 10 *s*. 는 다음 것을 순재생산한다 12 *l*. 10 *s*.		12 *l*. 10 *s*.
6 *l*. 5 *s*. 는 다음 것을 순재생산한다 6 *l*. 5 *s*.		6 *l*. 5 *s*.
3 *l*. 2 *s*. 6 *d*. 는 다음 것을 순재생산한다 3 *l*. 2 *s*. 6 *d*.		3 *l*. 2 *s*. 6 *d*.
1 *l*. 11 *s*. 3 *d*. 는 다음 것을 순재생산한다 1 *l*. 11 *s*. 3 *d*.		1 *l*. 11 *s*. 3 *d*.
15 *s*. 7 *d*. 는 다음 것을 순재생산한다 15 *s*. 7 *d*.		15 *s*. 7 *d*.
8 *s*. 는 다음 것을 순재생산한다 8 *s*.		8 *s*.
4 *s*. 는 다음 것을 순재생산한다 4 *s*.		4 *s*.
2 *s*. 는 다음 것을 순재생산한다 2 *s*.		2 *s*.
1 *s*. 는 다음 것을 순재생산한다 1 *s*.		1 *s*.

농업경비 400리브르에 의해 재생산되는 총수입 400리브르

해보였습니다(139쪽참조). 이 도표에는 지출과 수입이 복잡하게 서로 얽혀 있는 상태로부터 진정한 부가 생산되는 과정이 분석되어 있습니다.

그러나 일반적인 과학의 경우와는 달리, 이 도표에는 완전한 합리화를 거부하는 '부의 원천'이라는 독특한 요소가 설정되어 있다는 사실을 잊어서는 안 됩니다. 모든 '원천'은 과학적인 계산이 불가능한 영역에 연결되어 있게 마련입니다. 케네의 '경제표'에서 그런 '원천'에 해당하는 것은 '대지의 선물'이라고 불리는 것입니다. 여기에도 역시 코르누코피아형의 신화적 사고가 살아서 열심히 창조적인 일을 하고 있는 것을 분명하게 느낄 수 있지 않은가요?

중농주의에 삽입된 '마술점魔術點'

이와 같이 중농주의 이론의 핵심 부분에는 '증여론'적인 사고에서 유래하는 일종의 '마술점'이 삽입되어 있습니다. 그런 마술점은 풍부한 예술적, 종교적 상상력이 넘쳐나는 풍요로운 토양을 제공합니다. 그렇기 때문에 실제로 케네 주위에 모여서 중농주의자 그룹을 형성한 사람들 가운데에는 예술적, 종교적인 표현을 선호하는 사람들이 나타났습니다. 중농주의 이론은 정치에는 커다란 영향이나 힘을 미치지 않았습니다. 과학적인 경제사상이면서 동시에 '증여론'적인 토대에 입각한 경제이론이었지만, 바로 그런 점으로 인해 이 이론은 사람들에게 경건한 마음을 불러일으키는 신비한 힘을 가지고 있었던 것 같습니다. 그것은 아마도 밀레의 그림이 현대의 우리들에게 주는 감동에 가까운, 그런 경건함이겠지요.

하나만 예를 들어보기로 하죠. 케네의 사상에 열렬한 공감을 표시했으며, 『인민의 벗 L`Ami des Hommes, ou Traite de la Population』이라는 당시에 엄청난 베스트셀러가 된 책을 써서 프랑스혁명의 도화선에 불을 붙인 사람으로 알려져 있는 미라보 Mirabeau 백작이 정열적인 문체로 기술한 다음의 문장을 보기로 하겠습니다.

농업은 근본이 되는 직업이며, 자연이 진정으로 찬미하고 소중히 여기는 유일한 직업이다. 왜냐하면 농업에서 행해진 며칠 동안의 고생에 대한 보수로서, 자연은 꼬박 몇 달 동안을 그 작업을 위해 일해 주는 유일한 존재이기 때문이다(미라보, 『인민의 벗』 1759년).

농업, 그것은 신이 창시한 제조업이며, 농업에서의 공장주는 바로 모든 재화와 모든 부의 생산자 그 자체에 해당하는 자연의 창조주를 협력자로 하고 있다. 창조주가 농업을 창시한 이래로 농업에 혜택을 준 생산적인 활력에 넘치는 활동은, 다른 어떤 노동보다도 단연 농업에 풍요로움을 보증한다.

이런 '자연의 선물'은 '자연'이 무상으로 제공해주기 때문에 비용이 전혀 들지 않는다. 따라서 그 '기본가격'에 아무것도 부가되지 않지만, '판매가치'는 갖는다. 이렇게 해서 '순생산(순수익)'이 발생되는데, 그것은 '대지의 선물'이기 때문에 토지 소유자에게 귀속된다(미라보 『농업철학Philosophie rurale』, 1764년).

냉정한 의사였던 만큼 케네는 이 정도의 주장까지 하려고 하지는 않았습니다만, 시적 상상력이 풍부한 혁명정치가가이 자극을 받아 이런 표현이 나오게 되었습니다. 미라보의 표현이 지나칠 정도로 시적인 것은 사실입니다.

그러나 농업이라는 산업 자체에 시적인 본질이 내재되어 있는 것처럼 보이기도 합니다. 시적인 상상력과 증여론적 사고는 깊은 관련이 있습니다. 중농주의는 농업의 본질을 이루는 것으로서 증여론적인 구조를 크게 부각시킨 것이기 때문에, 필연적으로 그 이론에는 시적인 특질이 깃들어 있게 마련입니다. 말하자면 미라보의 표현도 잘못된 것은 아닌 셈입니다.

미야자와 겐지宮澤賢治의 농업론

실제로 이런 증여론적 사고를 끌어들임으로써, 농업에는 사람들에게서 예술적, 종교적 표현을 유도해내는 힘이 감추어져 있는 듯합니다. 게다가 거기에는 증여의 원리의 극한에 출현하는 순수증여의 원리를 분명한 이미지로서 조형하는 능력도 내재되어 있습니다. '대지' 나 '자연' 이라는 형태로, 순수증여의 원리가 작용하는 토포스를 실체로서 파악할 수가 있기 때문입니다. 거기서부터 한 발 더 안으로 들어가서, '대지' 나 '자연' 을 신의 활동의 표현으로 간주하게 되면, 어김없이 종교적 사고가 시작됩니다. 그러나 그 직전 상태에서 계속 멈춰 있으면, 예술의 창조가 가능해집니다. 아니 거기서는 종교와 예술의 차이 같은 건 별 의미를 갖지 않게 되겠지요.

우리는 미야자와 겐지의 여러 작품 속에 그런 표현의 최고의 산물을 발견할 수가 있습니다. 앞에서도 말씀 드렸듯이, 그것은 그의 내면에서 활동을 계속하던 신화적 사고의 탁월한 능력과 무관하지 않습니다. 신화적 사고는 인간과 세계(여기에는 동물도, 식물도, 그리고 광물도 포함되겠지요) 사이에 '대칭성'을 실현하려고 하지만, 대칭적인 관계에 있는 존재들이 서로 '영혼' 끼리의 만남을 실현하려고 하면, 당연히 거기에는 증여의 원리를 토대로 한 관계가 발생할 겁니다. 교환은 '영혼'의 만남을 방해합니다. 그렇기 때문에 신화적 사고를 움직이는 것은 증여의 원리이어야만 합니다. 그런 의미에서도 신화적 사고와 증여 사이에는 밀접한 관련이 있습니다.

미야자와 겐지의 농업론을 살펴보기로 합시다. 다음은 『농민예술개론강요農民藝術槪論綱要』에 실려 있는 문장입니다.

만나보니 우리의 사부師父들은 가난하지만 상당히 즐겁게 살고 있었다
거기에는 예술도 종교도 있었다
지금 우리에게는 오로지 노동이, 생존이 존재할 따름이다
종교는 지쳐서 근대과학으로 대치되었지만 과학은 차갑고 어둡다
예술은 지금 우리를 떠났지만 쓸쓸히 추락했다
지금 종교가나 예술가라는 사람들은 진眞이나 선善 혹은 미美를 독점해서 파는 자들이다
우리에게 살 만한 능력도 없고, 또한 그런 것을 필요로 하지도 않는다

이제 우리는 다시 올바른 길을 걸어서 우리의 미를 창조해야 한다
예술로써 저 잿빛의 노동을 불태워라
여기에는 우리들의 끊임없이 계속되는 깨끗하고 즐거운 창조가
있다
도시 사람들이여 와서 우리와 어울려라 세계여 순수한 우리를 받
아들여라
(『미야자와 겐지 전집』 12)

우리 주변에서는 최근에 교환 원리의 합리성을 주장하는 목소리보다도, 오히려 일단은 사라지기 시작한 증여의 원리에 근거한 활동을 소생시키려 하는 목소리를 종종 듣게 되었습니다. 자연농법이나 유기농법에 대한 지지자들, 환경운동을 하는 사람들, 디즈니랜드 앞에 토마토를 산더미처럼 쌓아놓고 농작물 수입에 항의하는 프랑스의 농민활동가들, 다양한 활동을 벌이고 있는 뉴에이지의 후예들, 각종 NGO에서 자원봉사를 하는 활동가들의 생각…. 정치성을 띤 것부터 순수한 정신성의 운동까지 폭넓은 영역에서 코르누코피아의 사고는 형태만 바뀐 채 3만 년 이상의 시간을 뛰어넘어 지금도 무시하기 힘든 존재로서 여전히 살아 숨쉬고 있습니다.

노동의 증여와 순수증여를 하는 대지의 만남

중농주의 사상을 자세히 관찰해보면, 거기서 인간과 자연의 활동이 양쪽에서 동시에 일어나, 진정한 의미의 잉여가치인 '순생산'이 발

생하는 상황이 뚜렷하
게 보입니다.

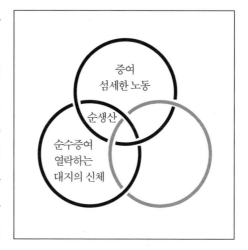

인간은 대지에
노동을 퍼붓습니다.
노동이라고 하더라도,
사실 농업이 지금처럼
기계화되기 이전에는
노동은 매우 섬세한
기술이었습니다. 대지
에 무리를 가하지 않고 가장 효율적인 수확을 할 수 있도록, 농민들
은 세심한 주의를 기울였기 때문입니다. 따라서 당연히 농민은 자신
들의 노동에 대한 보상을 기대했습니다. 이처럼 인간 쪽에서 보면,
인간과 자연 사이에는 증여의 원리를 토대로 한 관계가 성립되어 있
으며, 노동도 증여의 일종으로 간주되고 있는 셈입니다.

이에 비해서 대지나 자연은 순수한 '물' =재료material로서 행
동합니다. 인간이 아무리 자연이나 대지를 의인화하거나 신의 상징
으로 생각하려 해도, '물'인 자연은 인간에게는 어디까지나 '타자他
者'에 지나지 않습니다. 이 타자가 인간의 노동을 받으면 기꺼이 자
기 내부로부터 풍성한 부를 끌어내서, 그것을 인간에게 무상으로 증
여해준다고 중농주의자들은 생각했습니다. 그런 의미에서도 대지와
자연을 순수증여의 토포스로서 이해할 수가 있겠지요.

노동의 증여와 순수증여를 하는 대지의 힘이 서로 만나서 뒤섞
이는 부분에 '순생산'은 출현합니다. 인간의 섬세한 기술을 바탕으
로 한 노동을 받음으로 해서 대지라고 하는 신체는 기뻐하고 열락悅

樂을 느끼며, 바로 그때 증식이 일어나고 진정한 잉여가치가 발생합니다.

타자의 열락

여기서 대지가 '기뻐한다' 랄지 '열락을 느낀다' 라는 식의 에로틱한 비유를 사용한 것은 미라보 백작의 화려한 수사학의 영향을 받았기 때문만은 아닙니다. 사고 구조로서 파악할 때, '순생산' 의 발생을 둘러싼 중농주의의 사고가 정신분석학자 라캉이 제창한 '타자의 열락 jouissance' 과 똑같다는 점을 강조하고 싶었기 때문입니다.

　　라캉은 마음(우리나라에서는 마음이 아니라 인식으로 번역되는 경우가 많음—옮긴이)의 구조를 (1)갓 태어난 유아와 어머니의 신체와의 관계를 토대로 이미지를 중심으로 형성되는 '상상계' , (2)언어 체계를 받아들임으로써 거세되고 사회화된 자신을 형성하는 '상징계' , (3)모든 것이 '물' 로서 행동하는 곳으로, 마음의 유물론적인 층이라는 표현이 적합할 듯한 '현실계' , 이렇게 세 영역으로 구성되어 있는 것으로 생각했습니다.

　　재미있는 것은 마음의 구조로서 라캉이 제시한 이 세 영역은 우리가 전체성의 운동으로서의 '경제' 안에서 찾아낸 (1)증여 (2)교환 (3)순수증여라는 세 개의 원리 또는 영역의 구성과 정확하게 일치한다는 점입니다. 그 이유는 나중에 상세히 설명할 생각입니다만, 그 가운데 '타자의 열락' 과 '순생산' 은 동일한 곳에서 발생하게 됩니다.

'타자의 열락'은 상상계와 현실계가 교차하는 곳에 발생합니다. 인간의 신체 내부로부터 '물'로서, 물리적인 힘으로서 밀고 올라오는 순수한 힘(내부 욕

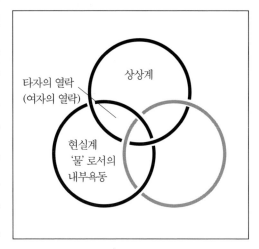

동欲動drive)이 상상계의 벽에 부딪쳐 서서히 무너져내릴 때 '타자의 열락'이 발생하는겁니다.

이미지로 이루어져 있는 상상계는 사방에서 접근해와서 자신을 관통하고는 열락을 느끼는 현실계의 힘에 대해서는 어떤 부정성도 개입시키려고 하지 않습니다. 현실계로 부터 솟아나오는 힘을 괴롭히거나 악용하지 않고, 상대방을 있는 그대로 받아들여서 끌어안으려고 합니다. 그런 다음에 상대방이 자신의 신체 위에서 열락을 느꼈으면 하고 생각하고 있습니다.

그런 점에서 라캉은 "타자의 열락은 곧 여성의 열락이다"라고 이야기합니다. 여성의 신체가 온몸으로 타자를 허용하고 받아들일 때 발생하는 우주적인 열락을 의미하는 거겠지요.

농업이 해체된 시대

중농주의가 잉여가치=순생산의 발생을 이런 식으로 '여성(어머니)의 열락'의 구조로 파악하고자 하는 것은 분명합니다.

농민의 노동에는 대지에 대한 일종의 수동성이 존재한다고 할 수가 있습니다. 대지(순수증여의 토포스, 현실계)의 활동에 지나치게 인공적인 요소를 가하면, 대지는 충분한 생산을 하지 않습니다. 그렇기 때문에 농민들은 대지에 지나치게 부정적이거나 과중한 부담을 주지 않는 한도 내에서 개입하는 것만으로 만족하는 지혜를 가지고 있습니다. 그때 대지는 코르누코피아와도 같은 자신의 체내로부터 기꺼이 풍요로운 부를 생산해내서, 인간에게 잉여가치라는 선물을 줍니다.

그렇기 때문에 농민의 대지는 항상 '여성'이나 '어머니'로서 이야기되어 왔던 거겠지요. 농업의 노동에는 그것이 노동으로서 아무리 고통스러운 것이라 할지라도 묘한 희열이 따른다고 많은 사람들이 증언하고 있습니다. 그 이유는 농업과 관련된 노동을 하고 있으면 자신도 모르는 사이에 열락을 느끼는 대지의 몸과 일체가 되는 순간을 체험하게 된다는 데 있을 겁니다. 자신의 신체의 표면을 찌르고 들어오는 농기구의 날카로운 칼날을 부드럽게 받아들이면서, 이때 코르누코피아로서의 대지는 열락을 느끼는 겁니다.

생각해보면 농업이야말로 최후의 '코르누코피아'형 산업이었던 셈이 아닐까요? 20세기라는 시대는 미래의 역사학자들에게 수천 년의 역사를 가진 일대 산업으로서의 농업이 세계적인 규모로 해체되어 간 시대로서 기억될 겁니다. 하지만 그로 인해서 인류가 무엇을

잃게 되었는지를 정확하게 이해하기 위한 작업은 아직 거의 손도 대
지 않은 상태입니다.

VI

마르크스의 열락悅樂

Nakazawa Shinichi
Cahier Sauvage Series

마르크스, '사랑'을 이야기하다

칼 마르크스가 젊었을 때 쓴 『1844년 경제학 철학 초고』를 함께 읽어
보기로 하겠습니다.

여러분은 마르크스가 『자본론』처럼 어려운 책만 쓴 매우 딱딱
한 사상가라는 선입견을 가지고 있을지도 모릅니다. 하지만 이 문장
을 읽으면 그것이 잘못된 선입견이라는 것을 깨닫게 될 겁니다. 그
정도로 이 글에는 '사랑'이라는 단어가 아무런 거리낌 없이 수없이
남발되어 있습니다. 게다가 우리에게 감동적인 것은 그가 사랑을 증
여적인 본질을 가진 것으로 생각했다는 점입니다.

> 인간을 인간으로서, 그리고 세상에 대한 그의 자세를 인간적인 자
> 세로서 전제한다면, 너는 사랑은 오로지 사랑하고만, 신뢰는 오로
> 지 신뢰하고만 교환할 수 있다. …네가 사랑을 하게 되더라도 그
> 사랑에 화답하는 사랑을 불러일으키지 못한다면, 다시 말해서 너
> 의 사랑이 사랑으로서 그에 화답하는 사랑을 탄생시키지 못한다
> 면, 그리고 네가 사랑하는 인간으로서의 너의 생활표현에 의해 너
> 자신을 사랑 받는 사람으로 만들지 못한다면, 너의 사랑은 무력하
> 고 불행한 것이다.

이것은 「화폐」라는 제목으로 씌어진 글의 일부로, 화폐라는
것이 얼마나 인간과 인간 사이의 관계를 '전도順倒'시키는가에 대해
논한 부분의 맨 끝에 나오는 문장입니다. 돈은 인간관계를 전도시키
는 힘을 갖고 있습니다. 돈의 개입으로 인해 오랫동안 친구 사이였던

『자본론』의 표지

사람들의 우정이 순식간에 적대감으로 바뀌고, 성실함은 불성실함으로, 사랑은 증오로, 덕은 악덕으로 뒤바뀌어버리곤 한다는 걸 우리는 체험에 의해 잘 알고 있습니다. 돈이 갖는 그런 부정적인 힘을 이겨낼 수 있는 것은 오직 사랑의 힘뿐이라고 마르크스는 말하고 있는 셈입니다. 이제까지 이 강의를 들어온 여러분은 여기에 담겨 있는 내용이 사실은 바로 '증여'의 문제를 의미한다는 것을 이미 눈치 채셨을 겁니다.

증여론적인 토대 위에

마르크스는 "네가 사랑을 하게 되더라도 그에 화답하는 사랑을 불러일으키지 못한다면, 다시 말해서 너의 사랑이 사랑으로서 그에 화답하는 사랑을 탄생시키지 못한다면 그 사랑은 무력하고 불행할 수밖에 없다"고 썼습니다.

자신을 사랑하는 것이 아니라 다른 사람을 사랑함으로써, 오히려 자신이 사랑받는 인간이 된다고 하는 마르크스가 생각한 사랑의 본질은, 바로 증여로서의 사랑이라고 할 수 있습니다. 인간은 본래 그렇게 서로 사랑을 나눌 수 있는 생물인데, 그 사이에 화폐가 침입하게 되는 바로 그 순간 사랑의 유동이 정지하고, 그럼으로써 사랑의 증여적인 본질이 교환 원리에 의해 혼란스러워지고 전도된다고 그는 생각했습니다.

『자본론』에서 결실을 맺게 되는 마르크스의 사고는 출발 단계에서는 증여론의 사고를 분명하게 표면에 드러내면서 전개되었습니다. 그런 경향은 나중에는 점점 배후로 후퇴해가다가 마침내 보이지 않게 됩니다. 하지만 마지막까지 그의 사고의 골격 전체를 밑바닥에서부터 지탱해주고 확실한 토대를 마련해준 것은 바로 이 증여론적 사고일 거라고 나는 생각합니다. 그렇지 않으면 단지 과학적 정열만으로 그런 연구가 진행된 셈이 되는데, 그런 가능성은 거의 없을 것 같습니다. 이제 그 점을 증명해보고자 합니다.

소외된 노동

중농주의자로 불린 사람들이 농업이라는 산업형태를 찬양한 것은 농업의 어떤 점에 대해서였을까요? 농업에서는 노동을 하는 농민과 노동대상인 대지 사이에 단순한 주체–객체의 관계를 초월한 '인격적 결합'이라고 부를 만한 유대관계가 형성되어 있으며, 그런 유대관계 덕택에 생산 자체를 일종의 '증여'로 파악하는 사고와 감각이 자라고 있었다는 점이라고 할 수 있습니다. 이런 유대관계는 토지를 소유하고 경작한다고 해서 자연스럽게 발생되는 것은 아닙니다. 사회주의 국가의 농민들이 집단화된 대규모농장에서 일하게 된 이후로, 대지에 대한 애착이나 그곳에서 행해지는 농업이라는 작업 자체에 대한 열의를 급속도로 잃게 된 예를 보더라도 충분히 납득이 갈 겁니다.

마르크스 식으로 이야기하면 거기에는 삭막하지 않은 '사랑의 관계'가 성립된 상태라고 생각합니다. 약간 과장된 표현을 하면, 이상적인 상태로 농업이 이루어지고 있는 사회에서는 농민은 대지에 사랑을 퍼붓고, 대지는 그 사랑에 화답해서 풍요로운 부를 증여해줄 거라는 환상을 품기가 쉬웠습니다. 그 정도로 노동과 그 대상 사이에 단순히 자연의 부의 추출이라는 의미를 넘어선, 풍부한 창조적 관계가 형성되었으며, 대지와 사랑을 주고받는 관계가 탄생할 수 있었던 겁니다.

그런데 마르크스가 관찰한 근대산업이 발달한 사회에서는 노동하는 인간과 그를 둘러싼 세계 사이에 이런 식의 친밀한 관계를 발견하기란 도저히 불가능한 듯이 여겨졌습니다. 공장노동자는 매일 아침 공장으로 출근을 하지만, 거기서 그를 기다리고 있는 제조기계는 본래 자신의 소유물이 아닐 뿐 아니라, 감정적인 교류도 느끼기 힘든, 어딘지 모르게 차가운 태도로 그를 맞이하겠지요. 그곳에서 노동자는 부지런히 노동을 하고, 기계는 많은 제품을 만들어내지만, 그것 역시 그의 소유물이 아니라 애당초 그 공장 전체의 소유주인 다른 인물 또는 집단의 소유가 될 운명에 처해 있습니다. 마르크스는 근대산업의 현장에서 일어나는 이런 사태를 '소외된 노동'으로서 이해했습니다.

앞에서 소개한 『1844년 경제학 철학 초고』라는 텍스트의 다른 부분에서, 그는 근대산업이 노동과 그 대상과의 관계를 어떻게 바꾸어버렸는지를 상세하게 분석하고 있습니다. 대지를 경작하는 농민은 그 공간에서 결코 '이방인'이 아닙니다. 하지만 근대산업의 노동자의 경우는 사정이 다릅니다. 그들은 생활을 위해 일하지만, 그것을 위해 활동하고 있는 모든 환경에 대해 그들은 결코 진정으로 친밀감을 느낄 수가 없습니다. 즉 그들을 기다리고 있는 공장의 기계나, 그들이 만들어낸 제품, 그들의 신체를 움직이거나 사용하는 법, 그리고 대화법에 이르기까지, 그 모든 것은 그들로 하여금 '이방인'처럼 느끼게 합니다. 그의 기술을 직접 살펴보기로 하죠.

> 이렇게 해서 소외된 노동은 … 인간의 유적類的 본질을 —자연도, 그리고 인간의 정신적인 유적 본질도— 인간 스스로에게 이질감을 느끼게 만들어, 인간의 개인적 생존의 수단으로 삼도록 한다. 그것은 인간으로부터 인간 자신의 몸도, 인간의 외부에 존재하는 자연도, 인간의 정신적 본질도, 인간의 인간적 본질도 소외시킨다… 인간이 자신의 노동의 산물, 인간의 생활활동, 인간의 유적 본질로부터 소외될 경우에 도달하게 되는 하나의 귀결은 인간의 인간으로부터의 소외이다.… 총체적으로 인간이 인간의 유적 본질로부터 소외당하고 있다는 명제는 한 인간이 다른 인간으로부터, 그리고 그들 각자도 인간의 본연의 모습으로부터 소외당하고 있다는 것을 의미한다.

단절된 회로

이 문장에 대해서는 오래전부터 다양한 접근이나 해석이 이루어져 왔습니다. 하지만 우리는 이 문장을 이 강의에서 전개해왔던, 최대한 확대시킨 개념으로서의 '경제' 개념의 토폴로지 속에서 재검토해볼 수가 있을 겁니다.

노동에 '소외'라는 현상이 발생하는 것은 노동의 과정에 분리나 단절이나 비인격화와 같은 부정적인 원리가 개입되는 경우입니다.

장인의 작업장을 머릿속에 떠올려봅시다. 그곳에는 많은 도구들이 놓여 있고, 소재로 사용될 나무나 흙, 가죽 같은 것도 준비되어 있습니다. 장인은 그것들을 사용해서 새로운 작품을 만듭니다. 그때 그런 도구들을 장인들은 엄청난 애착을 가지고 사용할 것이며, 그가 작업하고 있는 환경도 비록 자신의 소유물이 아니더라도 도처에 그의 '숨결이 배어 있다'고 해야 할까, 여하튼 인격적인 숨결이 배어 있는 환경에서 인격적인 숨결이 깃들어 있는 작품이 탄생합니다. 이것은 곧 노동하는 인간과 '물' 사이에 '사랑의 관계'가 존재한다고 말할 수 있겠지요.

이런 것은 균일한 제품의 대량생산을 목적으로 하는 근대적인 공장에서는 일어나지 않습니다. 도처에서 인간과 세계와의 분리가 일어난 상태이기 때문입니다. 노동자는 자신의 '숨결을 불어넣으려' 해도, 자신의 숨결이 '물'로 흘러 들어가도록 하는 회로가 이미 도처에서 막혀 있다는 사실을 금세 눈치 채지 않을 수 없을 겁니다.

옛날에 '그노시스gnosis(그노시스는 신비적 합일을 통한 지식, 친밀한 결합을 통한 앎을 의미함. '영적 지식'으로 번역되기도 함—옮긴이)주의 자'라고 불렸던 기독교도들은 자신이 한 번도 경험해보지 못한 미지의 세계로 내팽개쳐졌다는 소외감을 느껴, 그곳으로부터 정신적인 탈출을 시도한 바 있습니다. 그런데 마르크스의 생각으로는 근대의 노동자들도 그런 그노시스주의자들과 유사한 잠재적인 소외감을 느끼고 있기 때문에, 그곳으로부터의 현실적인 탈출을 목표로 하는 운동을 향해 뛰어들기 쉬운 성질을 가지고 있었습니다.

이것이 '증여'와 '교환'이라는 두 원리 사이에 일어난 것과 완전히 똑같은 구조로 이루어져 있다는 것을 여러분은 눈치 채셨나요? 증여의 원리에 근거한 인간과 '물', 인간과 인간의 관계에는 일종의 인격적인 성질을 가진 힘이 흐르고 있었습니다. 선물에는 보내는 사람의 '숨결이 배어 있다'라는 표현이 사용되기도 합니다. 실제로 '선물에는 마나mana(영력)가 배어 있다'는 식으로 표현하는 사람들도 있었을 정도이므로, 증여의 원리가 살아 있는 세계에서는 심각한 이질감은 발생하기 힘들었을 것으로 여겨집니다.

교환은 인간과 '물' 사이에 형성되었던 그런 유대관계를 끊어, 인간과 '물'을 분리시키지 않고서는 작동이 불가능한 구조로 이루어져 있습니다. 즉 교환에서는 부정성否定性이라는 것을 매개로 하지 않으면, '물'의 유통을 통한 인간관계는 발생하지 않습니다. 그 반대로 증여에서는 이런 부정성이 작동을 시작하기 직전에 억제하여, 가능한 한 긍정적인 것만이 유동할 수 있는 조건을 만들려고 합니다.

마르크스가 가장 중요시한 문제로

증여와 교환의 이런 식의 관계하고 똑같은 것을 우리는 '소외된 노동'의 현장에서 볼 수가 있습니다. 노동의 과정 중에는 항상 부정적인 힘이 끼어들게 마련입니다. 하지만 중농주의자나 근대의 톨스토이주의자들이 찬양한 농업이나, 다양한 크래프트(민예民藝)운동의 실천가들이 선망했던 장인들의 수작업의 세계에는 부정성이 좀처럼 끼어들 여지가 없을 듯한 섬세한 배려가 이루어져 있었습니다. 그런 노동의 세계에는 아직 증여의 원리가 살아 있었다고 할 수 있겠지요.

그러나 근대산업이 발달시킨 노동형태는 다양한 종류의 부정성을 바탕으로 하고 있습니다. 거기서 일어나는 분리나 단절 등은 교환 원리를 바탕으로 하는 다른 현장에서 일어나는 현상과 상통하는 것으로 이해할 수 있습니다. 그런 세계에서는 '사랑의 관계'가 발생하기 어렵습니다. 말하자면 거기서는 증여에 의해서 어떤 증식이 일어나지 않는 셈입니다.

중농주의자는 '자연이 행하는 무상의 증여'가 농업 현장에서는 실제의 가치를 증식시킨다는 점을 분명히 밝힌 바 있습니다. 그렇다면 증여=사랑=증식이라는 연쇄반응이 발생할 수 없는 근대의 자본주의적 구조 속에서, 가치증식은 도대체 어떻게 해서 일어나는 걸까요? 마르크스가 가장 중요하게 생각한 문제는 바로 이것이었습니다.

가치증식의 트릭

공장 내부에서는 '자연이 행하는 무상의 증여' 같은 것은 절대로 일어날 리가 없으므로, 가치의 증식은 마치 '마술을 부리듯이' 일어나야만 합니다. 지금 아무 생각 없이 마술이라는 단어를 사용했습니다만, 여기에는 단순한 비유 이상의 의미가 있습니다. 마술이라는 것은 대부분 '무로부터의 유의 창조'를 재미있게 연기해 보여주는 것이어야만 합니다.

자, 이런 식입니다. 제가 들고 있는 이 모자 속은 보시는 바와 같이 텅 비어 있습니다. 의심스러우면 직접 봐도 좋습니다. 자, 아무 것도 숨기지 않았지요? 그런데 이 모자를 이렇게 손수건으로 뒤집어씌우고 짧은 주문을 외웁니다. 그러면 신기하게도 모자 속에서 만국기를 비롯해 계란, 토끼, 염소(기가 막히죠!) 등 온갖 것들이 줄지어 나타납니다. 어떻습니까? 이거야말로 현대판 코르누코피아가 아닐까요? 무로부터 유가 탄생한다는 것이 실제로 가능하답니다(참고로 말씀드리면 이런 식의 마술은 옛날부터 '코르누코피아'라는 이름으로 불리기도 했던 것 같습니다).

모자 속에서 나오는 토끼

자본주의에서 가치의 증식은 이런 마술과 매우 유사한 과정에 의해 이루어진다는 것을 마르크스는 분명하게 밝혀냈습니다. 잠시 후에 그런 마술의 구조를 엥겔스의 적절한 표현을 빌어서 설명하기로 하겠습니다.

제가 아직 학생이었을 무렵에는 대부분의 학생들이 이 가치증식의 '트릭'에 대해 어느 정도의 지식은 가지고 있었습니다. 그런데 지금은 마술에 대한 관심 자체가 사라져 버린 것인지, 아니면 마술이 마술로 여겨지지 않을 정도로 세계 전체가 교묘한 '(매)트릭(스)'로 뒤덮여버린 것인지 그 이유는 알 수 없지만, 자신들이 살고 있는 자본주의를 움직이고 있는 '마술'에 대한 관심이 급속도로 사라지고 있습니다. 그러나 그것이 현대판 코르누코피아의 한 (위조된) 형태라는 것을 이미 알고 있는 여러분은 아마도 엥겔스의 설명에도 흥미를 갖고 귀를 기울여 줄 겁니다. 참으로 그것은 교묘한 마술입니다.

'노동력'이라는 특별한 상품

전에도 말씀드렸듯이, 우리 사회는 전체적으로 교환 원리의 지배를 받고 있기 때문에, 가치의 증식은 '증여'나 '순생산'에서는 발생하지 않습니다. 또한 화폐의 운용능력이 뛰어나 돈을 버는 사람이 있다고 해서, 그로 인해 사회의 총가치가 늘어나는 것도 아닙니다. 중농주의자들이 주장했듯이 화폐 그 자체로부터는 가치의 증식이 일어나지 않습니다. 그렇다면 화폐가 아니라 화폐에 의해 가치가 표현되는 '상품'이 가지고 있는 특성으로 관심의 방향을 바꾸어야만 합니다.

상품에는 매
매의 과정에서 분
명해지는 '교환가
치'와, 구입한 상
품을 소비함으로
해서 얻을 수 있는

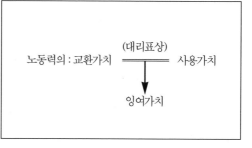

'사용가치', 이렇게 두 종류의 가치가 포함되어 있습니다. 가치의 증
식이라는 신기한 현상이 교환 과정에서 일어날 것 같지 않다면, 아마
도 상품의 소비가 이루어지는 장면에서 일어나야만 하겠지요. 마르
크스는 그 상품이 '노동력'이라는 사실을 발견했습니다. 이 특별한
상품은 유지비용이 드는 반면에, 마술에서의 트릭과 같은 수법으로
새로운 가치를 증식시킬 수 있는 신기한 능력을 감추고 있습니다.

하루의 노동으로 피곤해진 노동력이 이튿날에는 회복되어 여
느 때처럼 일할 수 있기 위해서는, 그것을 재생산하기 위한 비용이
필요합니다. 그래서 자본가들은 임금의 형식으로 돈을 지불하고, 이
특별한 상품을 사버립니다. 그리고 이 상품을 소비함으로 해서 실제
로 가치의 증식이 일어나는 겁니다. 그 점에 대해 엥겔스는 다음과
같이 기술합니다.

노동력의 1일 사용에 의해 창출되는 가치가 노동력 자체의 하루
분의 가치의 두배에 해당한다면, 구매자에게는 특별한 행운이지
만, 그렇다고 해서 상품교환의 법칙에 따르면 결코 판매자에 대해
불법은 아니다. 따라서 우리의 가정에 따르면, 노동자는 화폐 보
유자에게 매일 6시간분의 가치생산물의 비용손실을 끼치지만, 그

는 화폐 보유자에게 매일 12시간분의 노동에 해당하는 가치생산
물을 제공한다. 화폐 보유자가 얻는 차액은 임금을 지불하지 않은
6시간분의 잉여노동이며, 6시간분의 노동이 체현된 임금을 지불
하지 않은 잉여생산물이다. 마술은 끝났다. 잉여노동은 창출되고,
화폐는 자본으로 전환되었다(『반뒤링론*Herrn Eugen Duhring`s
Umwalzung der Wissenschaft*』)

상품의 교환에 대한 규칙이 완벽하게 마련되어 있는 사회에서,
코르누코피아에도 의존하지 않고, 그리고 '자연이 행하는 무상의 증
여'에도 의존하지 않고, '순생산(잉여가치)'을 창출해내기 위해서는,
그야말로 교묘하게 짜여진 약간의 '마술'이 필요하다고 마르크스는
생각했습니다.

노동자가 가지고 있는 노동력이라는 상품에는 교환가치와 더
불어 사용가치가 있습니다. 교환가치란 그 노동력을 내일 다시 회복
시켜주는 음식이나 주거지, 가족의 양육 등과 같은 노동력의 유지비
를 의미합니다. 그에 비해 화폐 보유자(자본가)가 준비해둔 기계설비
를 사용해서 노동자가 매일같이 행하는 노동력의 지출을 사용가치
라고 부릅니다. 자본가는 이런 노동력의 교환가치에 의해 노동력의
사용가치를 '대리표상代理表象'하고, 그럼으로 해서 잉여가치를 산
출한다고 하는 사실을 마르크스는 발견했던 겁니다.

자본주의에서의 가치의 증식은 표상의 '트릭'에 의해 이루어집
니다. 노동력의 재생산을 위해 필요한 교환가치는 그때그때의 물가
나 경기에 맞추어 정할 수가 있습니다. 그에 비해서 노동력의 사용가
치는 정체파악이 어려운 가소성可塑性을 가지고 있습니다. 따라서 노

동력의 사용가치를 교환가치에 의해 대리표상을 해도, 거기서 트릭이 작용하고 있다는 사실을 아무도 눈치 채지 못하는 동안에는 불만을 토로하는 사람도 적겠지요. 그러나 노동력의 사용가치는 교환가치를 훨씬 상회합니다. 그렇기 때문에 교환의 원칙을 전혀 어기지 않고서도, 노동의 과정으로부터 가치의 증식이 그야말로 합법적으로 발생할 수 있는 겁니다.

웃음과 자본의 증식

따라서 자본주의에서 이루어지는 가치증식은 '웃음'의 생리작용과 매우 유사하다고 할 수 있을 겁니다. 이것은 철학자 베르그송이 들었던 예입니다. 신사가 혼자서 흠잡을 데 없는 말쑥한 차림으로 거리를 걷고 있는데, 땅바닥에 버려져 있는 바나나 껍질을 보지 못해 엉덩방아를 찧게 되었고, 그러자 그 모습을 보고 있던 사람들은 박장대소를 합니다. 이런 한가로운 장면을 생각해봅시다.

　신사의 말쑥한 옷차림을 바라보고 있는 사람들의 신경조직의 내부에는 어떤 긴장감이 감돌고 있고, 심적 에너지는 억제된 채로 매개된 회로를 통해 흐릅니다. 이 상태에서 에너지는 처음과 끝이 매개된 회로에 의해 서서히 연결될 수가 있습니다. 그런데 바나나 껍질에 미끄러져 넘어지는 신사의 신체운동은, 그 매개된 회로에 단락短絡을 형성합니다. 이때 넘쳐나는 에너지는 갈 곳을 잃어 근육운동 쪽으로 도망치려고 합니다. 그래서 근육이 경련하면서, 웃음이 발생하는 겁니다.

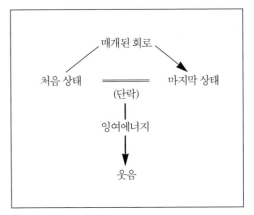

수수께끼와 같
은 말장난에서도 동
일한 음이 의미가
다른 두 단어를 하
나로 연결시켜 버림
으로 해서 웃음이
발생하는 과정에 대
해서는, 시리즈〈카
이에 소바주〉의 제1권 『신화, 인류 최고의 철학』에서 상세히 설명한
바 있습니다. 도대체 사람은 어떤 경우에 웃는지에 대해 조사해보면,
그 대부분이 잉여에너지가 떠다니는 상태가 형성된 경우라는 것을
확실히 알 수 있을 겁니다.

자본 증식의 과정에서도 이와 매우 유사한 상황이 발생하는 겁
니다. 잉여가치는 사용가치가 교환가치에 의해 대리표상된 결과 발
생합니다. 여기서는 노임의 형태로 지불되는 노동력의 교환가치가
단락을 만드는 작용을 해서, 거기에 교환의 사이클로부터 넘쳐흐르
는 여분의 가치를 창출합니다. 마르크스는 그런 점을 숙지한 상태에
서, 문제의 핵심을 한 편의 콩트로 꾸며서 보여주고 있습니다(이 '콩
트' 는 『자본론』 제1권, 제3편 제7장 '노동과정과 가치증식과정' 의 장에 나오
는 것입니다).

너무 많은 이윤을 내고 있는 것이 아니냐는 비판을 받은 자본가
가 노동자를 향해서, 시장이라는 것이 얼마나 적절하게 작용하고 있
는지를 설명하기 위해 이런 연설을 시작합니다.

"사회의 대부분은 이런 빈털터리로 구성되어 있기 때문에, 나는 나의 생산수단, 즉 나의 목화나 자신의 방추紡錘를 이용해서 사회를 위해 엄청난 서비스를 하지 않았는가? 게다가 내가 생활수단까지 공급해준 노동자 스스로를 위해서도 서비스를 해주지 않았는가? 그런데도 나는 이 서비스를 계산에 넣어서는 안 된다는 말인가?" 하지만 노동자도 그를 위해서 목화나 방추를 실로 만들어 답례를 하지 않았는가? 게다가 여기서는 서비스가 문제가 아니다. 서비스라는 것은 상품이든 노동이든 어떤 사용가치의 유용한 작용을 의미한다. 그런데 여기서 중요한 것은 교환가치다. 그는 노동자에게 3실링이라는 가치를 지불했다. 노동자는 그 가치에 대해서 목화에 부가된 3실링이라는 가치에 의해 정확히 등가의 가치를 그에게 되돌려주었다. 우리 친구는 지금까지 그렇게 자본가랍시고 거만하게 굴더니 느닷없이 자신도 노동자라며 조심스러운 태도를 취한다. '나도 노동을 하지 않았는가? 방적공의 감시라는 노동을, 총감독이라는 노동을 하지 않았는가? 나의 이런 노동 역시 가치를 형성하는 것이 아닌가? 그가 고용한 감독이나 지배인은 어깨를 으쓱한다. 그러나 그러다가 그는 어느새 쾌활하게 웃으면서 원래의 표정으로 돌아가버렸다(『자본론』제1권)

잉여가치와 잉여열락

라캉은 정신분석학자답게 이때 자본가가 순간적으로 보인 미소에 주목합니다. 사소한 웃음이나 수줍어하는 동작 같은 것에서 중대한 의미를 갖는 무의식의 효과를 발견하고자 하는 것이 프로이드가 창시한 정신분석학이라는 학문이므로, 이것은 당연한 반응이라고 할 수 있겠지요.

라캉은 이 미소의 원인에 대해, 계속 떠들어대고 있을 때는 교묘하게 회피했다가, 침묵을 이용해서 성공적으로 임무를 완수함으로써 발생한 효과라고 말합니다. 자본가는 교환의 과정이 제대로 작동을 해서, 그 과정에서 잉여가치가 발생했다는 것을 알고 있습니다. 말의 표면에 나타나지 않도록 필사적으로 감추고 있던 이 잉여가치의 효과, 그것이 미소가 되어 흘러나온 거라고 그는 말하는 겁니다.

모든 '기지機智'가 이런 구조로 이루어져 있습니다. "눈은 있어도 보이지 않는 것은 뭐지? 정답은 감자." 이 경우 기표(싹이 날 자리를 의미하는 눈)가 다른 기표(사람의 눈)로 대리표상되어, 그 낙차나 거리로부터 기지의 효과가 발생합니다. 이런 점에 착안을 한 라캉은 마르크스가 경제학의 영역에서 발견했던 잉여가치의 형성과정이 정신분석학에서 말하는 '잉여 열락'의 형성과 똑같은 구조로 이루어져 있다는 사실을 발견했습니다.

이것은 우리에게도 중대한 의미를 갖는 발견입니다. 잉여열락 또는 단순히 열락은 우리에게 '기쁨'이라는 감정을 가져다줍니다. 그리고 이제까지 우리가 다루어왔던 잉여가치(순생산, 증식)가 발생하는 모든 경우에서 인간은 기쁨을 느껴왔습니다. 라스코 부근에 있는 바위의 테라스로부터 눈 아래에 펼쳐지는 초록빛 계곡을 수많은 순록의 무리가 지나가는 모습을 발견했을 때, 구석기 시대의 사냥꾼들은 동굴에 자신들이 그린 벽화를 상기하면서 깊은 기쁨의 감정을 맛보았을 겁니다.

중농주의자나 바르비종Barbizon 파의 화가들이 상상했듯이,

풍요로운 결실은 대지가 자신에게 부여한 사랑의 선물에 대한 기쁨의 표현이며, 그것을 받았을 때 느끼는 농민의 기쁨 역시 증여의 체계와 순수증여를 하는 자연의 능력과의 차이나 낙차로부터 발생하는 순생산이라는 잉여가치에 대한 반응의 일종인 셈입니다.

그리고 교환의 원리가 구석구석까지 널리 퍼져 있는 우리 사회의 자본가 역시 잉여가치가 틀림없이 발생한 것을 확인하면 '미소'를 짓습니다(물론 이건은 상징적인 표현입니다). 즉 거기에도 열락이 발생한 셈입니다. 그러면 농민과 대지가 표현하는 '기쁨=열락'과, 자본주의가 잉여가치의 발생과 함께 체험하는 '기쁨=열락'은 동일한 것일까요? 마르크스는 전혀 다르다고 단언합니다. 우리는 이제 자신이 살고 있는 이 사회가 총력을 기울여 감추고 있는 진실을 향한 문턱을 넘기 일보직전의 상태에 도달한 것 같습니다.

여성의 열락

우리는 앞에서 중농주의 이론을 살펴보면서, 농업형 생산에서 '순생산'이라는 형태로 발생하는 잉여가치를, 정신분석학을 바탕으로 한 연상에 의해서 '타자의 열락'이나 '여성의 열락'으로 부르기로 했습니다. 이것은 어머니에게 안겨 있는, 아직 말을 못하는 유아가 체험하는 열락이기도 하고, 여성이 느끼는 성적 열락을 의미하는 개념이기도 합니다.

그런 개념을 경제학의 영역으로까지 확대시켜서 적용해볼 수 있는 이유는 과연 무엇일까요? 그것은 둘 다 부정성이 개입되어 있지 않은 곳에 발생하는 열락라는 데 있습니다. 중농주의 식의 사고에 의하면, 농업의 경우에는 농민의 섬세한 기술을 받아들인 대지가 그에 화답해서 '사랑의 증여'를 함으로써 가치의 증식이 일어납니다. 이 경우에 아직 기계화가 이루어지지 않은 상태의 농업 기술은 자연의 생산력을 부드럽게 눈뜨게 해서 벌떡 일어선 그 힘을 쿠션으로 받아내듯이 수확을 하고자 합니다.

이 관계에는 부정성이나 분리의 작용이 강한 영향력을 미치지 못합니다. 그리고 아마도 어머니의 유방으로부터 따뜻한 양분을 빨아들이고 있는 유아도, 눈을 감고 자신의 몸 속을 지나가는 성적 쾌감을 느끼고 있는 여성도, 똑같이 신체를 가진 상대방의 존재를 열락 (향락)하고 있는 셈이지요. 여기서는 성적인 열락 속에 존재하는 증여적인 관계를 발견할 수가 있습니다. 그렇기 때문에 우리는 중농주의에서 말하는 '순생산'이라는 개념과, 정신분석학에서 말하는 '타자의 열락'이라는 개념 사이에 분명한 대응관계를 확립할 수 있다고 생각했던 겁니다.

그런데 자본주의에서 일어나는 가치증식 운동에서는 그와는 다른 메커니즘에 의해 '열락'이 발생하고 있습니다. 이 과정의 가장 기초적인 단계에서, 교환가치에 의한 사용가치의 '대리표상'이라는 현상이 발견되었습니다. 즉 어떤 기표를 다른 기표로 대체시켰을 때, 거기에 발생하는 어긋남이나 낙차를 통해 여분의 가치가 발생하고, 그것을 우리는 증식이 일어난 것으로 이해하는 셈입니다. 그리고 증식이 이런 형태를 취하게 된 이유는 자본주의의 메커니즘이 미리 분리나 부정에 의해 상품이 된 것들(여기에는 노동력도 포함되어 있습니다)의 교환관계를 통해서만 작동한다는 데 있는 것으로 생각할 수가 있습니다.

팔루스의 열락

자본주의에서 발생하는 증식에서는, 자연은 자원으로 취급되며, 도구를 사용해서 조작되는 대상으로 변형되어 있습니다. 그리고 이런 자연의 변형에 매개 역할을 하는 노동은 시간적인 길이로 환산 가능한 노동력으로의 전환이 이루어져 있습니다. 도처에서 분리는 진행되고, 기호나 표상을 통해 파악 가능한 것이 아니면 아무런 의미도 갖지 않는 '물' 로서 취급당하게 되겠지요. 그런 분리를 전제로 해서 증식이 일어납니다. 하지만 그래도 이것 역시 틀림없는 열락입니다. 순수증여를 하는 자연의 능력에 부정성을 작용시키고, 그 위에서 기표 차원에서의 증식이 일어납니다.

따라서 이런 열락을 '여성의 열락' 에 대비시켜서 '팔루스 phallus(남근男根을 의미함─옮긴이)의 열락' 으로 부를 수 있을 겁니다. 팔루스는 거세를 받아들이지 않으려면 일체의 성적 열락은 단념하라는 말을 들으며 자라난 '성性' 이 체험하는 열락입니다. 그렇게 해서 부정성을 받아들인 팔루스가 몸 속에서 용솟음치는 힘의 흐름과 접촉할 때, 바로 열락이 발생하는 겁니다. 기지나 유머의 경우에서도 동일한 방식으로 지적인 기쁨=열락이 발생하게 되므로, 그런 것도 '팔루스의 열락' 의 일종으로 생각해도 좋겠지요.

그러면 다음과 같은 토폴로지를 생각할 수가 있습니다. 정신분석학적 개념과의 대응을 분명히 하기 위해서는 대개 이렇게 그리

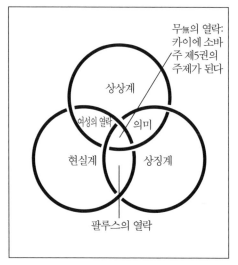

무無의 열락:
카이에 소바
주 제5권의
주제가 된다

상상계

여성의 열락   의미

현실계   상징계

팔루스의 열락

면 이해하기 쉬워지
겠지요.

교환의 원리에는
팔루스의 기능이 커다
란 역할을 하고 있습
니다. 그것에 의해 뭐
든지 계산 가능한 대
상으로 만들어버리는
변화가 일어나기 때문
이지요. 그리고 자본
주의는 교환의 원리를
통해 사회 전체를 자
신의 열락의 대상으로
삼기 시작한 팔루스의
기능에 의해서, 증식=
열락을 행하는 셈입니
다. 그런 의미에서도
우리가 살고 있는 자
본주의사회는 '팔루
스 중심주의'에 의해

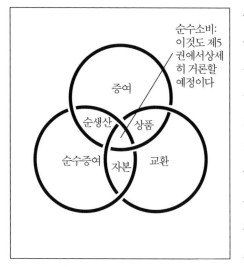

순수소비:
이것도 제5
권에서상세
히 거론할
예정이다

증여

순생산   상품

순수증여 자본   교환

이루어져 있다는 비난을 받아도 반론이 불가능한 입장에 있다고 할
수 있을 겁니다.

풍요로운 사회와 심각한 모순=자본주의가 가져다준 것

그러면 마르크스 자신의 신체와 사고는 어떤 열락을 추구했던 걸까요? 『자본론』에만 국한시켜 말하자면, 마르크스가 추구한 것은 '팔루스의 열락'이었던 것으로 여겨집니다. 자본주의는 오래된 증여형 공동체를 해체시킨 후에, 그 잔해 위에 형성된 사회 양식입니다. 그것은 교환의 원리에 의해 증여의 원리를 무력화시키고, 화폐가 갖고 있는 능력을 충분히 이용해 온갖 것에 대해 상품이 될 가능성을 부여한 다음에, 그런 상품 중에서도 특별한 상품인 노동력을 사용해서 부의 증식을 꾀하고자 해왔습니다.

그렇기 때문에 자본주의는 유례없이 풍요로운 사회를 실현시켰지만 그 대신에 인류에게 심각한 모순을 초래하기도 했습니다. 현대에는 동서냉전이 종결되고, '글로벌 경제'라는 이름의 자본주의가 지구를 완전히 뒤덮으려 하고 있지만, '글로벌화'가 진행될수록 오히려 수많은 해결 불가능한 문제들이 나타나게 되었습니다.

마르크스는 이런 사태까지는 예측하지 못했지만, 자본주의가 어떤 식으로 발전을 하고, 인류에게 어떤 문제를 야기시킬 것인가 하는 점에 대해서만은 어느 정도 정확하게 파악하고 있었던 것으로 생각됩니다. 그런 상태에서 그는 자본주의에 대한 대안으로서 '공산주의'라는 것을 구상했던 셈인데, 그것을 신중하게 검토해보면, '팔루스의 열락'이 철저해진 사회 이후에 우리가 '타자의 열락', 혹은 '여성의 열락'이라고 부른 형태의 사회의 출현이 가능하다고 생각한 것처럼 느껴집니다

인간과 인간, 인간과 자연 사이의 사랑

이것을 구체적으로 말하면 오래된 공동체를 해체시키고 출현한 자본주의를 넘어서 더 멀리까지 인류의 가능성을 키워가기 위해서는, 우선은 자본주의가 시작한 이 해체운동을 끝까지 밀고나갈 필요가 있다는 얘기인 셈입니다. 그러나 그것은 합리적인 교환의 원리에 의해 불합리함을 내포하고 있는 증여적인 결합을 해체시키지 않고서는 불가능한 일입니다. 그렇기 때문에 마르크스는 자본주의가 시작한 운동을 어하튼 끝까지 밀고나가자고 말하는 것처럼 여겨지기도 합니다.

'소외된 노동'을 극복해가기 위해서는 생산자와 생산수단의 분리가 일어난 현재와 같은 상태를 근본부터 바꾸어가야만 하겠지요. 여기서는 노동자 자신이 생산수단을 소유하고 있는 사회를 염두에 두고 있습니다.

그러나 20세기의 많은 비극을 낳은 체험으로부터 우리가 배운 것은, 그렇게 해서 만들어진 '사회주의'에서는 오히려 '팔루스의 열락'이 압도적인 지배권을 장악해버려, 도구주의적 사고가 만연하고, 자연과의 '사랑'으로 가득 찬 관계를 파괴해버린다는 현실이었습니다.

『자본론』에서 마르크스가 제시한 비전은, 이렇게 해서 20세기의 실험의 실패라는 체험에 의해 완전히 괴멸해버린 것처럼 여겨지기도 합니다.

그러나 오늘 강의를 시작하면서 여러분에게 소개했던 젊은 마르크스가 쓴 문장을 상기해 주십시오. 그는 경제활동을 통해서 인간들 사이에 '사랑'의 관계가 소생해가기 위한 조건을 모색하고자 했습니다. 그때 마르크스가 생각했던 것을 바꾸어 표현하면, 증여의 원리가 작용하지 않으면 인간과 인간 사이에, 그리고 인간과 자연 사이에는 절대로 '사랑'의 관계가 탄생하지 않는다는 결론입니다.

그러나 이 사고는 그 후에 오랫동안 그의 사고의 표면에는 나타나지 않게 되었습니다. 마르크스가 자신의 사고의 어떤 부분에 억압을 가했기 때문이라고 생각합니다.

여성혁명가로부터 온 편지

그러나 흥미롭게도 마르크스는 만년에 다시 한 번 그런 사고로 회귀하게 됩니다. 러시아에서 도착한 한 통의 편지(1881년2월에 쓰어진)가 그의 내부에 억압되어 있던 '다른 사고'를 소생시킨 겁니다. 자스리치라는 러시아의 여성혁명가가 마르크스에게 매우 흥미로운 질문 하나를 던져왔습니다.

자스리치는 묻습니다. 내 주위에는 러시아를 바꾸어야 한다고 진지하게 생각하고 있는 사람들이 있으며, 그 사람들에게 당신의 사상은 지대한 영향을 미치고 있습니다. 그들은 '미르'라고 불리는 러시아의 촌락 공동체는 고대적인 불합리함을 내포한 공동체라고 말합니다. 그러면서 러시아가 올바른 미래를 향해 나아가기 위해서는 이 공동체는 반드시 몰락해야만 한다고 나에게 가르치면서, 마르크스 역시 그렇게 가르치고 있다고 말합니다. 그런데 그 말이 사실입니까? 그들이 주장하듯이, 당신도 미르는 몰락하고 해체되어 미르의 폐

허 위에 서지 않으면 자본주의가 안고 있는 모순을 극복하고 새로운 대안을 실현해가는 것은 불가능하다고 생각하십니까? 부디 당신이 진정으로 생각하고 있는 바를 말씀해주시기를 부탁드리겠습니다.

'새로운 제도'와 '오래된' 들

이 편지는 마르크스를 자극해, 만년의 그의 사상의 내부에 새로운 바람을 불어넣는 역할을 했습니다. 그는 무려 세 번씩이나 초안을 바꾸며 완성한 답장에서 심오한 사고를 제시해보였습니다. 놀라운 것은 마르크스가 그 편지에 분명하게 이렇게 썼다는 점입니다.

> 러시아의 공동체를 (그것을 발전시키는 길을 통해서) 유지하는 데 있어서 유리한 또 하나의 사정은, 그것이 〈서유럽의 여러 나라에서의〉 자본주의적 생산과 동시적으로 존재하고 있을 뿐 아니라, 또한 이 공동체가 자본주의 제도에 아직 아무 상처도 없던 시대를 견뎌내고 살아남았다는 점, 아니 살아남은 정도가 아니라, 현재 자본주의 제도가 서유럽에서도 그리고 미국에서도, 과학과 인민 대중과, 그밖에 이 제도가 낳은 생산주력 그 자체하고도 투쟁 상태에 있는 것을 러시아의 공동체가 직접 목격하고 있다는 점입니다. … 한 마디로 말해서, 러시아의 공동체는 자본주의 제도가 위기에 처해 있는 것을 직접 목격하고 있습니다. 그 위기는 자본주의 제도의 소멸에 의해서만, 즉 공동체 소유의 '오래된' 형태로의 근대사회의 복귀에 의해서만 종결될 것입니다. 그런 형태하에

서… 근대사회가 지향하고 있는 '새로운 제도'는 "오래된 사회의 틀이 보다 높은 차원의 형태로 부활하게 될 겁니다". 그렇기 때문에 이 '오래된'이라는 말을 너무 두려워할 필요는 없는 것입니다(마르크스 「베 이 자스리치의 편지에 대한 답장의 초안」 중 제1초고)

참으로 대담한 표현이지만, 이제까지 증여의 사고에 대해 탐구해온 여러분은 여기에 기술되어 있는 내용을 조금도 두려워하거나 하지는 않을 겁니다. 여기에는 증여의 원리에 의해 사람과 사람, 사람과 자연을 이어주는 사회 형태는 자본주의 이후에 나타나게 될 대안적인 사회에서 필수불가결한 원리이며, 그 사회에 도달하기 위해서 서유럽에서 해왔듯이, 증여의 원리를 바탕으로 한 사회 형태를 시대착오적인 것으로 간주해 몰락시키고 해체시키는 것만이 유일한 길은 아니라는 주장이 확실하게 나타나 있습니다. 이 편지에 의해 우리는 마르크스가 증여의 원리를 수용한 고도의 산업사회의 실현이 가능하다고 생각했다는 것을 잘 알 수가 있습니다.

'팔루스의 열락'과 '타자=여성의 열락'은 양립되어야만 합니다. 무너지기 시작한 인간의 마음과 사회에 증여—교환—순수증여가 단단히 서로 연결되어 있어 떨어지지 않는 '보로메오의 매듭'(라캉)과 같은 상태를 회복시켜야만 합니다. 오래되었다는 것, 원시적이라는 것을 우리도 두려워해서는 안 됩니다.

VII

성령과 자본

Nakazawa Shinichi
Cahier Sauvage Series

삼위일체의 도식

이제 무척 흥미진진해졌습니다. 내가 쓴 『녹색 자본론祿の資本論』이라는 책을 읽으신 분은 이미 눈치 채셨을 거라고 생각합니다. 우리 인간이 행하는 '전체성으로서의 경제' 활동을 나타내는 토폴로지의 도식은 기독교가 신의 본질을 표현하기 위해 만들어내고 발전시켜

왔던 '삼위일체'의 도식과 완전히 똑같은 구조를 하고 있습니다. 그 책을 읽지 않은 분을 위해 다시 한 번 그려보기로 하겠습니다.

또한 더욱 흥미로운 것은 지금과 같은 자본주의 단계에까지 전개되어온 이 '전체성으로서의 경제'가 현실적으로 발생시키고 있는 '가치의 증식'이 출현하는 방식은, 특히 가톨릭의 교의에서 '성령聖靈'의 힘이 출현하는 방식과 똑같다는 것입니다. 이것

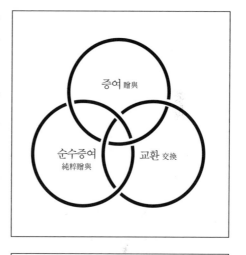

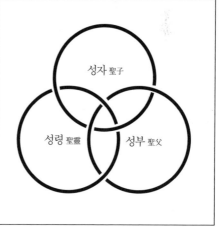

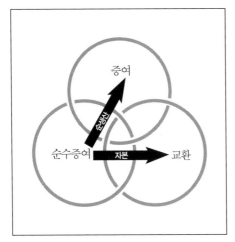

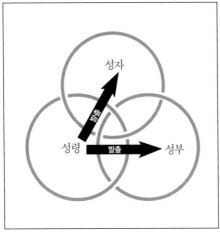

발출 : 포이에시스 Poiesis의 번역자로서,
국내에서는 탈은폐, 드러내기 등으로 번역되기도 함—옮긴이)

역시 혹시 모르시는 분을 위해 도식으로 제시해두겠습니다.

이 도식은 도대체 무엇을 의미하고 있는 걸까요?

자본주의와 기독교가 동일한 사고양식에 의해 탄생한 쌍둥이 형제라는 것을 의미합니다. 좀더 정확하게 표현하자면, 동일한 사고양식이 경제 영역에서 자연스럽게 표현되면, 가장 이상적인 표현 형태로서 자본주의를 낳게 되는 역사의 운동을 형성해가게 됩니다. 그러나 그것이 경제 영역에서 모습을 드러내기 이전에, 유럽에서는 그것을 신에 대한 사고, 즉 기독교 신학이라는 형태로 표현해두었습니다. 당연히 형님은 기독교 신학입니다. 동생에 해당하는 자본주의는 형만큼 깊은 사고가 불가능한 실제적인 사람이지만, 어느 틈에 형의 권력을 빼앗아, 유례가 없을 정도로 강력한 힘과 영향력을 인류를 향해 휘두르게 되었습니다.

가톨릭과 자본주의 정신

막스 베버가 쓴 『프로테스탄티즘의 윤리와 자본주의 정신』이라는 유명한 책에 대해서는 여러분도 잘 아실 겁니다. 베버는 그 책에서 '왜 초기의 자본주의가 프랑스나 러시아가 아니라 영국과 미국이라는 프로테스탄티즘의 영향력이 강한 지역에서 발달했는가' 라는 수수께끼에 대한 해답을 제시해보였습니다.

프로테스탄티즘 중에서도 특히 금욕적인 성향이 강한 퓨리턴 Puritan의 세계에서 자본주의는 놀라운 기세로 발달했습니다. 베버는 그 이유에 대해 금욕정신이나 절약을 중시하고 검소하며 성실한 그들의 기질이 자본축적의 발달에 매우 효과적인 역할을 했기 때문이라고 생각했던 겁니다.

그러나 베버의 이런 식의 이해는 어떤 현상의 한 단면만을 표현한 것에 불과하다는 생각이 듭니다. 초기의 자본주의가 프로테스탄트가 강력한 세력을 가진 영국과 미국에서 발달한 것은 사실입니다. 그러나 그 준비 작업은 이미 가톨릭 신학 내에서 100퍼센트 이루어진 상태였습니다. 가톨릭 신학은 처음에 주로 이탈리아에서 발달했는데, 이탈리아는 세계 최초로 복식 부기가 발명되어, 회계 사무를 합리적이고 정확하게 처리할 수 있었습니다. 앞에서 소개한 케네의 '경제표' 는 사실 이탈리아식의 이 복식 부기에서 착상을 얻은 것입니다.

근대자본주의가 영국이나 미국에서 발달하기 이전부터, '자본주의 정신'은 이미 이탈리아나 프랑스를 중심으로 한 가톨릭의 여러 나라에서 힘찬 성장을 시작하고 있었습니다. 왜냐하면 기독교 신학의 구조를 복식 부기의 발상에 의해 경리화經理化하면, 거기에 자본주의의 구조가 나타나기 때문입니다. 따라서 전 세계 다른 어떤 지역보다도 일찍 가톨릭의 기독교권에서 자본주의가 싹트고 크게 발달한 것은 당연한 일이라고 생각합니다.

성령과 순수증여

하지만 프랑스나 이탈리아도 부유한 농업국으로서 자본의 축적은 확실하게 발달시켰지만, 영국과 같이 그것을 근대적인 형태로 변화시켜, 오늘날 우리에게 친숙한 형태의 자본주의로 발달시키지 못 했습니다. 현재와 같은 형태의 자본주의의 발달은 역시 프로테스탄트의 여러 나라에서 일어났습니다. 그 이유가 뭘까요?

그 이유는 증식의 강도라고 할까, 증식의 자유도自由度라고 할까, 여하튼 증식을 가능하게 하는 메커니즘의 차이에 있을 것으로 생각됩니다. 이 제7장의 모두에 제시한 도식(181쪽)에서 알 수 있는 것은, 경제의 토폴로지에서의 '순수증여'와, 신학에서의 '성령'의 위치가 동일하다는 점입니다. 순수증여는 관념과는 무관한 곳에서 활발히 움직이고 있는 물질적인 운동으로부터 방출되는 힘을 나타내는데, 성령도 그와 매우 유사한 성질을 가지고 있습니다. 성부나 성자와 달리, 전혀 예측 불가능한 불확실한 움직임을 하면서, 이 세계에 풍부한 영력을 방출하는 것이 성령이므로, 성령을 '경리화' 하면 순수증여가 발생하게 된다고 할 수 있을지도 모르겠지요.

여하튼 성령과 순수증여의 작용은 참으로 흡사하다고 할 수 있습니다. 성령이 사람의 내부에서 격렬하게 움직이기 시작하면, 그 사람은 마치 뭔가에 홀린 듯이, 정신적인 흥분상태를 경험하게 됩니다. 그와 마찬가지로 물질적인 세계에서 순수증여의 힘이 격렬하게 움직이면, 그 힘이 교환이나 증여의 원리와 접촉하는 경계 영역에서 순생산이나 자본의 형태로 격렬한 증식운동이 일어납니다. 그렇게 되면 영적인 세계에서는 풍부한 정신성이 실현되고, 현실의 물질적 세계에서는 풍요로운 부의 증식이 일어나는 병행현상이 나타나게 되겠지요.

실제로 그런 현상이 18세기부터 19세기에 걸쳐 서유럽에서 발생했습니다. 프랑스 혁명이 발발하기 직전의 일이었습니다. 프랑스의 작가이자 계몽주의의 대표적인 사상가이기도 했던 볼테르는 왕정제인 프랑스에 머물러 있다가는 점점 위험해질 것 같아, 잠시 영국으로 피난하기로 했습니다. 볼테르는 매우 개성이 강한 사람이었습니다. 그래서 그는 프랑스에서 끊임없이 물의를 일으키는 언동을 했습니다. 그런데 영국에 가서 보니까 자신보다 한 술 더 뜨는 삐딱한 사람이나 짓궂은 사람들이 많이 있다는 걸 알게 되어, 영국을 무척 좋아하게 되었던 것 같습니다.

퀘이커 교도의 집회

그중에서도 그를 감동시킨 것이 '퀘이커Quaker' 라고 불리는 기독교도의 집회 광경이었습니다. 반드시 한 번은 봐두는 편이 좋다는 친구의 말을 듣고 가보니, 그 집회는 약간 이색적인 느낌을 주는 술집 분위기의 교회당에서 열리고 있었습니다. 참가자 전원이 거무튀튀한 꼼므 데 가르송(유명한 일본의 패션 브랜드명—옮긴이)을 입은 듯한 차림을 하고서, 아예 일어서서 연설을 하기도 하고 토론을 하기도 했습니다. 처음에는 뭐가 뭔지 통 알 수가 없었습니다. 그러다가 한 여성이 일어서서 말을 하기 시작하는 순간, 주위에 어떤 묘한 기운이 흐르는 것을 볼테르는 예리한 눈으로 관찰하고 있었습니다.

그 여성은 서서 격렬한 어조로 연설을 시작했습니다. 그것은 겉모습은 전혀 다르지만, 신의 영광과 복음을 찬양하는 목사들의 설교와 비교해서, 내용의 고결함에 있어서는 전혀 손색이 없었습니다. 그러나 그녀의 모습은 참으로 이상했습니다. 그녀는 마치 뭔가에 홀리기라도 한 것처럼 격렬한 어조로 이 세상의 부정을 규탄하며 신앙의 가치를 설파하고 있었습니다. 그녀에게서는 엄청난 위엄이 느껴졌습니다. 그러나 그 위엄이 교회의 권위에 의한 것이 아니라는 것은 누가 보기에도 명백했습니다. 그녀는 오로지 자신의 내면에 강림한 '성령' 의 위엄에 의존해서만 이야기하고 있었던 겁니다.

한 개인 안에 강림한 성령의 권위에 의해서만 이야기하는 그녀는, 자기 외부에 있는 어떤 세속의 권위도 인정하지 않는 듯했습니다. 성령의 힘의 부추김을 받아, 그녀는 진정한 신앙은 바로 의식이 깨어 있는 한 개인 안에만 나타낸다고 이야기하고 있는 것처럼 여겨졌습니다. 그러자 그곳에 모인 모두에게 어떤 전기라도 흐른 것처럼, 계속해서 성령이 춤추듯이 강림하기 시작했습니다. 사람들은 제각기 연설이나 설교를 시작했습니다. 그중에는 황홀경에 빠져 춤을 추는 사람도 있었습니다. 그 광경을 목격하고 완전히 넋이 빠진 볼테르는 동시에 프랑스의 가톨릭 세계에는 출현한 적도 없는 완전히 새로운 신앙 형태가 영국 노동자들의 집회에 출현했다는 사실을 분명하게 확인했습니다.

바로 여기에서 근대의 가장 격렬한 개인주의의 출현을 확인할 수 있다고 확신한 볼테르는 한 프랑스인에게 편지를 썼습니다. 기독교 내부에 지금 본질적인 변화가 일어나고 있습니다. 그것은 왕정제의 프랑스가 아니라 노동자의 나라 영국에서 일어나고 있습니다. 교회의 지배로부터 철저하게 자유로워진 성령의 힘을 빌어서, 개인이 흥분한 육체 속에서 신을 확인하고자 하는 새로운 신앙 형태입니다. 그리고 볼테르는 이렇게 덧붙였습니다. 프랑스에 계신 여러분, 부디 영국으로 오십시오. 그리고 노동자의 교회당으로 가서 퀘이커 교도라고 불리는 이 사람들의 집회에 참가해보십시오. 그러면 머리를 한 방 얻어맞은 듯한 느낌과 함께, 왕과 수도승들에 의해 좌지우지되고 있는 프랑스의 현재 상황이 얼마나 우스꽝스러운지를 확실히 인식하게 될 겁니다. 퀘이커는 끝내줍니다. 틀림없이 이 사람들이 이제 곧 세상을 바꾸어갈 겁니다.

프로테스탄트의 '신학사상'

당시에 볼테르가 참가한 퀘이커 교도의 집회는 근대 서유럽에 발생한 여러 종류의 '자유로운 성령' 운동의 표현 형태 가운데 하나였습니다. 18세기 경에 시작된 이 운동은 19세기의 발전기에 접어들면서, 가난한 노동자를 중심으로 기름에 불이 붙듯 서유럽의 프로테스탄트 사이로 확산되었습니다. 특히 영국에서는 퀘이커나 랜터스 Ranters 운동으로서 노동자들의 지지를 받았습니다.

이런 운동에서는 성령은 교회의 권위로부터 자유롭다는 주장이 활발하게 제기되곤 했습니다. 성령은 교회의 권위에 얽매여 있는 것도 아니며, 특별한 성직자만 성령의 힘과 접촉할 수 있는 것이 아니라, 열렬한 신앙심을 가진 사람이라면 누구든지 성령으로 충만해 육체를 부들부들 떨면서 성령의 권위의 수호를 받으며, 신의 진리를 이야기할 수가 있다고 생각했습니다. '자유로운 성령' 운동이 주장한 것은 바로 이런 내용이었습니다.

성령이 교회의 권위로부터 자유롭다는 것은 삼위일체의 교의의 구속으로부터도 자유롭다는 의미가 되겠지요. 성령은 삼위일체의 구조 밖으로 넘쳐흐르는 힘을 가지고 있고, 자유로우며, 성부의 권위에도 성자나 교회의 권위에도 묶여 있지 않다고 주장하는 겁니다. 이 운동을 추진한 사람들은 가톨릭의 지배를 뒤흔들어 위태롭게 했습니다. 흔들흔들, 삐걱삐걱거리며 일그러지는 삼위일체의 구조의 틈으로부터, 유동하는 성령의 힘이 현실세계로 흘러나오게 되었습니다.

이 운동은 프로테스탄트 이외에서는 일어날 수 없는 것이었습니다. 지극히 소박한 생활을 하고, 검약을 중요시하며, 나날의 노동에 충실하라는 '프로테스탄티즘의 윤리'는, 그 이면에서 자유로이 유동할 수 있는 성령의 출현을 눈에 보이는 형태로 실현시키기를 원했습니다. 그것은 가난한 노동자만이 아니라, 자금을 비축해서 언젠가는 자본가가 되고 싶어하는 프로테스탄트들의 마음에도 공통적으로 자리잡고 있던 '신학사상'입니다. 세속의 관심사로서 '자본의 증식', 숭고한 정신의 관심사로서는 교회나 성직자의 권위로부터 자유로워진 '성령의 활동'.

우리는 이미 자본주의 경제와 기독교 신학의 토폴로지 속에서 부의 증식을 초래하는 순수증여의 힘과 성령의 힘의 합체가 이루어질 수 있는 조건에 대해 잘 알고 있습니다. 그런 만큼 그 조건이 프로테스탄트가 주류를 이루던 서유럽에서 신속하게 갖추어지게 된 이유도 여러분은 충분히 이해하셨을 겁니다. 검약과 노동의 가치를 찬양하는 '프로테스탄티즘의 윤리'는, 사고의 심층에서 일어나던 급격한 변화에 대응해서 사회의 표피에 나타난 표면적인 효과에 불과한 거라고 할 수 있겠지요.

'기독교의 정신'은 그 심층구조의 차원에서 이미 자본주의의 발달을 인정하고 찬양하고 있었던 셈입니다. 그런 잠재능력이 완전히 발휘되기 위해서는 프로테스탄트의 개혁에 의해 성령의 힘이 삼위일체의 틀로부터 자유로워져야만 합니다. 근대자본주의를 준비한 것은 가톨릭이었지만, 그것을 실현시킨 것은 프로테스탄트였던 셈입니다.

예술과 자본주의

그리고 기독교가 다져둔 토양 위에 자본주의가 발달하게 되자, 이번에는 성령의 활동을 조종하고 있던 증여의 원리가 이 사회에서 점차 후퇴하게 됩니다. 교회의 권위도 땅에 떨어집니다.

바로 그때 등장한 것이 예술이었습니다. 기독교라는 종교가 성령의 활동을 통해 표현하고자 했던 증여의 원리, 좀더 정확하게 말하면 증여 원리와의 접촉에 의해 표현이 가능해진 순수증여의 실재감이 자본주의의 발달과 함께 점차로 상실되어 갔습니다. 그런 사회에서 이번에는 예술이 종교를 대신해서 증여의 원리를 매개로 생겨난 순생산의 역할을 수행했습니다. 현대의 뛰어난 예술가들이 한결같이 증언하고 있듯이, 예술적인 창조활동에서 실제로 예술가의 내부에서는 '정신=영혼=성령'이 활발한 활동을 하고 있습니다.

그러나 이제는 그 예술마저 자본주의를 지탱하고 있는 교환의 원리에 의해 잠식당하려 하고 있습니다. 점점 예술에서 예전과 같은 폭발적인 '정신'의 활동을 찾아보기가 힘들어지고 있습니다.

성령의 격렬한 활동에 의해 봇물이 터지듯이 시작된 자본주의 운동이 이제는 어딘지 모르게 생기를 잃고 정체상태에 빠져 버린 듯합니다. 아무래도 '전체성으로서의 경제'를 형성하고 있는 '보로메오의 매듭'(라캉)중 어떤 부분의 매듭이 풀려버림으로써 제 기능을 못 하고 있는 것 같습니다.

분열하는 경향이 있는 경제 시스템=자본주의

이렇게 보면 자본주의라는 경제 시스템에는 처음부터 두 방향으로 분열되어 갈 가능성이 많은 욕망이 내포되어 있는 듯합니다. 그리고 그 시스템은 그 둘을 어떻게든 하나로 연결시키고 싶어하지만, 보통은 실패를 거듭하고 있다는 것도 분명히 알 수가 있습니다. 순수증여의 힘이 증여의 원리와 접촉할 경우, 거기에는 '영혼=영력'의 약동을 포함한 순생산이 발생하게 됩니다. 산업 형태로서는 농업이 그런 순생산에 가장 가까운 것을 실현시켜왔습니다. 그리고 예술적인 활동도 표현에 있어서의 순생산의 활동이라고 할 수 있지요.

그런데 순수증여를 하는 힘이 교환의 원리와 접촉해 통과해갈 때는 자본의 증식이 일어납니다. 이때 일어나는 증식은 순생산의 경우와 달리 '영혼'의 활동을 자극시키는 것이 아니라, 오히려 억제시키는 작용을 합니다.

그렇기 때문에 자본의 증식은 물질적인 풍요로움을 가져올 수는 있어도, '영혼'의 풍요로움을 가져올 수는 없습니다. '자유로운 성령'의 활동으로부터 시작된 근대자본주의가 추구했던 바가 무엇이었던가를 생각해보면, 이것은 사람들을 크게 실망시키는 결과를 초래하게 되겠지요. 사람들의 생활이 풍요로워지고 행복해지기를 원해서 엄청난 희생을 치러가며 어렵게 실현시킨 경제 시스템이, 결과적으로 인간에게 진정한 행복을 가져다주지 못하고 있는 셈입니다. 순생산과 자본이라는 이질적인 두 원리에서 발생하는 증식의 두 형태를 어떻게든 하나로 결합시킬 수는 없을까요? 그것을 하나로 결합시키는 것이 바로 '자본주의의 꿈'이라고 단언해도 좋을 겁니다.

유감스럽게도 경제 시스템으로서는 그런 식의 결합은 아직 실현되지 않은 상태입니다. 교환 원리의 압도적인 지배력이 자본주의 시스템 속에서의 증여 원리의 효과적인 작용을 방해하고 있기 때문입니다. 그러나 현재 우리는 '자본주의의 꿈'의 일부를 변형된 형태로 실현시킨 '풍습' 하나를 갖고 있습니다. 여러분도 잘 아시는 축제, 바로 크리스마스 말입니다.

크리스마스와 '겨울의 제의'

여러분은 현재와 같은 형태의 크리스마스라는 축제가 상당히 오래전부터 있었다고 생각할지도 모르지만, 이것은 1940년대에 미국 자본주의가 발달하면서 생겨난 축제로, 역사가 그리 길지 않습니다. 그 이전에 유럽에서도 물론 크리스마스를 축하하기는 했지만, 지금보다도 훨씬 수수하고 경건한 분위기로 가득 찬 축제였습니다.

원래는 유럽에서 옛날부터(신석기 시대부터!) 계속되어온 '겨울의 제의'(이것에 대한 상세한 해설은 〈카이에 소바주〉 제2권 『곰에서 왕으로』에 있으므로, 그 책을 참고해 주시기 바랍니다)와 기독교의 합체에 의해 크리스마스의 원형이 만들어졌습니다.

예수가 태어난 것이 몇 월이었는지는 성서의 어디에도 나와 있지 않습니다. 그래서 여러 가지 설이 있는데, 로마 제국에서 기독교가 공인된 이후에는 로마의 전통적인 '겨울의 제의'인 루페르카리아 제의에 맞추어서 12월 25일이 예수의 탄생일로 정해졌습니다. 그렇기 때문에 동지를 중심으로 하는 농민의 '겨울의 제의'의 풍습을

니콜로스피렌축제에서 성 니콜라우스(산타클로스)를 수행하는 악마(오스트리아, 12월)

대체할 수 있었던 겁니다.

이때 순수증여의 힘을 가지고 있는 온갖 종류의 영적인 존재들이 이 마을 저 마을로 찾아옵니다. 순수증여를 하는 힘은 인간의 의식 밖에 퍼져 있는 '물'의 영역으로부터 오는 겁니다. 그 점을 상징하기 위해서 죽은 사람의 혼령을 본뜬 가면을 쓴 신들이 마을을 방문하는 겁니다.

이 가면을 쓴 신들은 어린이들의 친구입니다. 어린이는 순수증여를 하는 힘의 영역으로부터 이쪽 세계로 나온 지 아직 얼마 되지 않았기 때문에, 가면을 쓴 신에게는 친근한 동료와 같은 존재였습니다. 어린이들은 횃불을 들고, 깊은 밤에 온 마을을 기묘한 노래를 부르면서 행진했습니다. 각 가정에서는 죽은 사람의 혼령의 대리인인 이 어린이들에게 많은 선물을 주어야만 했습니다. 어린이들은 양말을 머리맡에 걸어놓고, 산타클로스가 오기를 얌전히 기다리거나 하지는 않았습니다. 그들에게는 스스로 나가서 어른들로부터 선물을 '강탈' 할 권리가 있었던 셈입니다. 그렇게 해서 유럽의 농촌에서는 다가올 새해의 '부의 증식' 을 축복하고자 했던 겁니다.

꿈

크리스마스에는 죽은 사람의 혼령만이 아니라, 온갖 종류의 영혼들이 사회의 표면으로 우르르 몰려나옵니다. 자본주의가 여기에 주목했던 겁니다.

그렇지, 크리스마스를 잘 이용하면 자본의 증식과 영혼의 증식을 동시에 축하하는 것도 가능하지 않을까? 자본주의는 교환의 원리에 의해 부의 증식을 실현하고 있지만, 크리스마스는 증여의 원리에 근거해서 행복의 증식과 작물의 증식을 축하하려고 하고 있다. 크리스마스야말로 우리가 추구하는 꿈의 체현자가 아닐까? 크리스마스는 아직 실현되지 않은 우리의 꿈을 농민 풍의 차림을 하고 이미 몇천 년 전부터 실현해왔던 것은 아닐까?

이렇게 해서 현대의 크리스마스는 시작되었던 겁니다. 갓 태어난 '백화점' 이 그 꿈의 표현자 역할을 자청했습니다. 한겨울의 거리를 화려한 조명이 장식하고, 쇼윈도 안에는 엄청난 양의 상품이 산더미처럼 높이 쌓여 있습니다. 그리고 이제는 자신들이 죽은 사람의 혼령의 심부름꾼이었다는 사실조차 까마득히 잊어버린 어린이들은 산타할아버지의 선물을 집안에서 얌전히 기다립니다. 호화로운 식사, 가족의 단란. 신석기 시대부터 계속되어 왔던 '겨울의 제의'는 이렇게 해서 자본주의의 상술과 합체가 되어 매력이 넘치는 축제로서 전 세계로 퍼져나갔습니다.

크리스마스가 그 원리로 보나 표현방식으로 보나, 자본주의의 꿈의 실현자라고 불릴 만한 화려함과 격조를 갖추고 있는 것은 분명하다고 할 수 있지 않을까요? 그날 밤에 교환의 원리와 증여의 원리가 사랑으로 맺어지는 셈이니까요. 크리스마스가 계속된다면 얼마나 좋을까 하는 것이 자본주의가 바라는 바이겠지만, 유감스럽게도 그것은 불가능합니다. 지금의 경제 시스템에서는 예외적인 경우에 한해서만 증여 원리의 활동이 허용되기 때문입니다. 꿈속에서는 억압된 욕망이 돌아오는 것을 볼 수가 있습니다. 증여

많은 선물을 받는 날

는 억압된 욕망입니다. 그렇기 때문에 반드시 꿈에서 깨어나야만 합니다.

행복감의 차이

현대 자본주의의 발달을 위한 무대를 마련한 것이 자신들이었다는 사실을 알게 되면, 아마도 성령은 깜짝 놀랄 겁니다. 표면적으로는 유사한 현상이 일어나고 있는 것이 분명하지만, 성령이 이룩한 세계와 자본이 이룩한 세계는 근본적으로 어딘가 다르기 때문입니다. '영혼의 풍요로움'과 '물질의 풍요로움'의 차이라고 말할 수도 있지만, 실제로는 좀더 미묘한 차이인 듯합니다.

성령이 깃든 사람은 믿을 수 없을 정도의 에너지와 열정으로 한없이 계속 떠들어댑니다. 자본주의도 영화나 텔레비전이나 음악 산업을 통해 계속 수다를 떨어댑니다. 양쪽 다 지칠 줄을 모르고 계속 떠들어대고 노래를 불러댑니다. 순수증여를 하는 힘과의 경계에서는 이런 증식현상이 일어납니다.

그러나 성령에 의한 수다스러움은 예술이나 과학의 창조에 기여하지만, 자본주의는 단지 그것을 수다스러운 상품으로 바꿀 뿐입니다. 여기에 똑같은 풍요로움으로부터 발생하는 '행복감'에 어떤 차이점이 나타납니다. 계속 수다를 떨어대는 상품은 자칫하면 우리 사회를 행복하게 하기는커녕 오히려 황폐하게 만들기 십상입니다.

이 점을 주의 깊게 관찰해보는 것이 중요합니다. 실제로 우리는 우리들 앞에 사막과 같은 황폐한 광경이 펼쳐져 있는 것을 예감하게 됩니다. 우리가 지금처럼 수동적으로만 살고 있으면, 그 예감은 점점 실현을 향해 움직일 겁니다. 이제 슬슬 눈을 떠도 좋을 시기가 아닐까요?

종장

황폐한 나라로부터의 탈출

Nakazawa Shinichi
Cahier Sauvage Series

세계로부터의 질문

신화나 옛날이야기에서는 주인공이 자신에게 던져진 질문에 제대로 대답했다면 초자연적인 존재의 원조를 받을 수 있었을텐데, 제대로 대답을 못했거나 혹은 대답이 잘못되어 엄청난 고통을 겪는 처지가 되었다는 식의 구성이 자주 등장합니다.

오이디푸스는 스핑크스가 낸 난해한 수수께끼를 멋지게 풀어 낸 덕분에 새로운 운명을 맞이하게 되었는데, 그때 '수수께끼를 지나치게 잘 풀었기' 때문에, 그 후에 인류가 일찍이 체험한 적이 없을 정도의 고통을 맛보기도 했습니다(수수께끼를 풀지 못하면 죽음이나 황폐함이 찾아오게 되겠지만, 거꾸로 지나치게 잘 풀면 전염병이나 근친상간과 같은 비극이 일어나곤 합니다).

주위 세계로부터의 부름이나 질문에 올바른 방식으로 대답하는 것은 항상 매우 어려운 일입니다. 우리는 그 점에 관해서 실수를 되풀이해왔던 것이 아닐까요?

그중에서도 '성배전설'의 주인공 페르스발이 저지른 실수는 치명적이었습니다. 그가 결정적인 순간에 해야 할 질문을 소홀히 한 탓에, 풍요로웠던 국토는 순식간에 끔찍하게 황폐한 나라로 변모해버렸기 때문입니다.

페르스발이 저지른 실수는 결코 남의 일이 아닙니다. 우리도 그와 유사한 실수를 반복해온 결과, 아름다운 파란 혹성이었던 지구를 돌이킬 수 없을 정도로 황폐하게 만들고 말았습니다. 그런 의미에서도 페르스발의 실수의 의미를 현대의 문제로 되새겨보는 것은 상당히 중요한 의미를 가진다고 할 수 있습니다.

돌이킬 수 없는 실수

페르스발의 이야기를 주제로 하는 작품에는 많은 이본異本이 있습니다. 그 중에서 가장 유명한 것은 시인 크레티엥 드 트루아가 쓴 것인데, 그 작품을 중심으로 다른 이본도 참고하면서, 이 이야기의 성배 에피소드 부분의 줄거리를 소개해두기로 하겠습니다.

페르스발은 기사騎士를 처음 본 순간부터 깊은 동경을 품게 되어 자기도 기사가 되고자 하는 꿈을 가진 순진한 젊은이였습니다. 그는 물살이 빠른 강가에서 작은 배를 타고 낚시를 하고 있는 멋진 한 사람을 알게 됩니다. 그 사람이 가르쳐준 대로 걸어가자, 근사한 성으로 들어갈 수가 있었습니다. 그곳은 '어부왕漁夫王Fisher King'의 성이며, 방금 전에 낚시를 하고 있을 때 만난 사람이 바로 그 성의 성주였습니다.

어부왕은 무척 위엄이 있는 인물이었습니다. 하지만 하반신이 마비되어 일어설 수가 없었습니다. 왕은 페르스발을 극진하게 대접했습니다. 촛불로 환하게 밝혀져 있는 넓은 방에서 왕과 페르스발이 친근하게 이야기를 나누고 있는 동안, 온갖 물건들이 두 사람 앞을 지나쳐 갔습니다. 우선 은으로 만든 창을 든 소년이 지나갔습니다. 그 창끝에서 새빨간 피 한 방울이 흘러내렸습니다.

페르스발은 워낙 호기심이 강한 성격이었지만, 여행중 만난 기사가 자신이 생각한 것을 뭐든지 닥치는 대로 남에게 묻거나 하는 것은 좋지 않다고 말했던 것을 상기하고, 그 창은 도대체 어떤 의미를 가진 창인지 물어보고 싶은 걸 참고 잠자코 있었습니다.

이어서 아름다운 촛대가 나타났습니다. 여전히 페르스발은 잠자코 있었습니다. 그리고 그 뒤를 이어서 한 처녀가 '성배'를 높이 받들고 들어왔습니다. 성배는 눈부신 빛으로 넓은 방을 환하게 밝혔습니다. 그런데도 여전히 페르스발은 침묵을 지키고 있었습니다. 그는 그것으로 도대체 누가 식사를 하는 거냐고 묻고 싶었지만, 기사의 충고에 따라 이번에도 묻지 않았던 겁니다.

그 다음에 식사가 시작되었습니다. 페르스발은 수많은 훌륭한 요리에 혀를 내둘렀습니다. 마음속으로는 '내일 아침이 되거든 지금 자신의 눈앞을 스쳐지나간 성배에 대해서 누군가를 붙잡고 물어봐야지, 하지만 지금은 어부왕에게 그것에 대해 묻거나 하지는 말아야지' 하고 혼자 중얼거리고 있었습니다. 왕과 페르스발은 밤늦게까지 즐겁게 이야기를 나누었습니다.

그런데 다음 날 아침, 페르스발이 눈을 뜨자, 성에는 사람이라곤 한 명도 찾아볼 수가 없는 게 아닙니까? 그가 착용하고 왔던 갑옷과 마구와 말은 가지런히 놓여 있었지만, 살아 있는 사람의 그림자는 그 어디에도 보이지 않았습니다. 여우에 홀린 듯한 심정으로 그는 성을 떠났습니다. 도중에 그는 한 처녀를 만났습니다. 그리고 그녀에게 이야기를 듣고, 그는 자신이 돌이킬 수 없는 중대한 실수를 범하고 말았다는 사실을 깨달았습니다.

당신이 해야 할 말을 제대로 찾아냈다면,
병상에서 슬픔을 겪고 계시는 부자 왕은,
상처로부터 완전히 치유되었을 겁니다.
그러나 이렇게 되면 왕의 운명은 완전히 정해진 거나 마찬가지입니다.

이제는 왕이 자신의 국토를 온화하게 통치하는 것은 절대로 불가능해지고 말았습니다.

주인공이 성배와, 끝에 피가 약간 묻어 있는 창의 역할을 묻지 않았기 때문에, 왕의 병은 이제 불치의 병이 되고, 국토는 황폐해져, 풍요롭던 국토가 무서울 정도로 황폐한 나라로 변모해버립니다. 크레티엥의 작품을 토대로 만들어진 다른 작품(『페르레스보*Perlesvaus*』)에는 좀 더 분명하게 이렇게 적혀 있습니다.

> 부유한 어부왕은 한 청년 기사를 손님으로 맞이했는데, 최근에 이 기사로 인해 나라에는 엄청난 비극이 초래되었다. 창끝에서 흘러내리는 분노의 피가 묻은 창과 성배가 그의 앞에 나타났는데도, 그는 그 성배가 누구를 위해 사용되는 것이며, 혹은 그것이 어디서부터 유래한 것인지를 묻지 않았다. 그가 묻지 않음으로 해서, 모든 나라들은 전쟁에 휘말리고, 그리고 기사들은 숲 속에서 다른 기사를 만나면 반드시 상대방을 공격하고, 그럴 힘만 있으면 상대방을 죽여버린다(제시 웨스턴Jessie Weston 『제의에서 로맨스로 *From Ritual to Romance*』).

이 분의 말에 의해 활력을 되찾았습니다

어느 작품에나 주인공이 적절한 질문을 하지 않았기 때문에, 어부왕의 병이 낫지 않았으며 국토가 황폐해진 것으로 되어 있습니다. 그런데 크레티엥의 작품의 속편에 해당하는 '제르베르'라는 이본에는, 신화적 사고를 배워온 우리에게는 매우 흥미로운 '역전'의 효과가 이런 식으로 기술되어 있습니다.

주인공은 불모의 황무지를 여행하다가 성배의 성에 이르러 하룻밤을 지내고보니, 성배의 성은 자취를 감추고, 꽃이 만발한 초원에 홀로 서 있는 자신을 발견합니다. 그는 마을로 향합니다. 그러자 놀랍게도, 어제까지는 거의 황무지에 가까웠던 국토가 오늘은 녹음이 우거진 비옥한 대지로 변해 있는 게 아닌가요? 마을에서는 사람들이 환호를 하며 그를 맞아줍니다. 주민들은 저마다 그가 간밤에 성배의 성에서 세운 '무공武功' 덕분에, 이 잃어버렸던 국토와 재산을 되찾았다며 감사해 하는 것이었습니다.

페르스발은 분명히 간밤에 성배가 지나갔을 때, 그 성배에 대해 질문을 했습니다. 그 말을 들은 성주의 부인은 이렇게 말했습니다.

이 모든 것은 이런 식의 말에 의해 이루어졌습니다.
이 나라의 하천에는 물도 흐르지 않고,
샘은 말라버리고, 논밭은 일구어본 적도 없는 것 같은 상태였는데,
이 분의 말에 의해 활력을 되찾았습니다.

요컨대 주인공이 눈앞을 지나쳐가는 성배에 대해 적절한 질문을 하면, 그는 '물의 해방자'가 되어 국토에 비옥함을 가져다줍니다. 하지만 엉뚱한 질문을 던지거나 잠자코 있거나 하면, 국왕의 병도 낫지 않고 국토도 황폐해진다는 생각이 여기에는 분명하게 표현되어

있습니다.

현대적인 암시

이 중세의 이야기에서는 '코르누코피아'가 자기 앞에 나타났을 때 어떤 식의 행동을 취해야 할 것인지가 문제로 등장합니다. 질문은 대답을 요구합니다. 그리고 질문에 대한 답이 돌아오면, 거기에 커뮤니케이션의 통로가 열립니다.

특히 이 경우에는 성배의 의의에 대한 질문입니다. 인간은 그저 성배에 대해 질문을 하는 것만으로 충분합니다. "당신의 정체는 도대체 뭡니까?" 그런 질문을 받은 것만으로도 코르누코피아인 성배는 기꺼이 그때까지 닫혀 있던 물을 해방시켜, 자연으로부터 풍요로운 부가 샘솟듯이 콸콸 쏟아져 나오게끔 합니다.

이 신화적인 에피소드는 현대적인 의미에서 우리에게 뭔가 중요한 암시를 하고 있는 듯이 여겨집니다. 예를 들면 마르크스는 근대의 산업사회가 교환의 원리와 그로부터 탄생하는 화폐에 근거한 관계성을 지나치게 발달시킨 결과, 인간과 인간 사이에 '사랑의 응답'이라는 커뮤니케이션(소통)의 형태가 성립되기가 무척 어려워졌다는 것을 원리적으로 확실하게 파악한 거의 최초의 인물이었습니다.

하지만 동시에 그는 사람과 사람, 사람과 자연 사이에 발생하게 될 증여적인 커뮤니케이션은 교환의 원리가 끼어들면 곧바로 단절되어 버린다는 점을 지적했습니다. 교환 원리의 기초를 이루는 '부정성否定性'이나 '분리성分離性'에 의해, 자발적이고 긍정적인 힘의 움직임이 방해를 받게 되기 때문입니다.

어부왕은 페르스발이 기사로서의 예절 같은 건 무시하고, 성배와 창의 의의에 대해 자신에게 닥치는 대로 온갖 질문을 퍼부어 줄 것을 기대하고, 그를 성으로 끌어들였던 겁니다. 그런데 분수에 맞지 않게 페르스발이 이때 '부정성'을 발휘함으로 해서, 질문은 나오지 않고 정체된 자연의 힘의 유동이 발생하지 않게 되어, 왕의 병은 악화되고, 국토는 점점 더 황폐해졌다는 겁니다.

이 이야기를 마르크스 식으로 분석해보면, 인간의 내적, 그리고 외적인 자연과의 사이에 열려 있어야 하는 커뮤니케이션의 통로는, 근대의 시민사회를 형성하는 근본적인 원동력이었던 교환적 '부정성'의 과도한 영향력에 의해 도처에서 방해를 받게 되었다는 식의 분석이 가능하지 않을까요?

과학과 기술에 의한 '코르누코피아'의 발견

우리 주위에서 뭔가가 우리를 향해 아무런 응답도 보내오려 하지 않고 있습니다. 우리가 그 뭔가에 대해 '적절한 질문'을 못하고 있기 때문이죠. 페르스발과는 달리, 그 뭔가를 향해 질문을 하지 않았기 때문에 그렇게 된 것이 아닙니다. 인간은 시끄러울 정도로 수다스럽게 상대방을 향해 말을 걸어왔습니다. 그러나 말하는 법, 질문하는 법이 잘못되었기 때문에, 상대방은 깊은 침묵을 유지한 채 응답을 보내오지 않는 겁니다.

그 '뭔가' 중의 하나가 바로 '자연'입니다. 오늘날에는 주로 과학이 자연에 대해 질문을 던지는 역할을 하는 정통적인 지위를 독점하고 있는 듯합니다. '과학은 자연의 베일을 벗기고자 노력해왔다'라는 표현이 종종 사용되곤 하는데, 상대방이 몸에 걸치고 있는 옷을 벗기듯이, 과학적인 지식은 여성인 자연의 신체를 알고 싶은 욕망에 사로잡혀 있습니다.

한 술 더 떠서 과학과 연결되어 있는 기술은 자연의 신체 안에서 인간의 생존에 유용한 거대한 규모의 에너지나 특성을 끌어내서 이용해왔습니다. 과학이나 기술과 관련된 지식도 자연을 상대로 질문을 할 경우 어떤 일관된 원칙을 지켜왔습니다. 옷을 벗길 것, 상대방이 자발적으로 스스로를 열기를 기다릴 것이 아니라 도발에 의해 상대방을 흥분시킬 것. 과학과 기술 관련의 지식이 활용하고 있는 이런 질문 방식은 증여의 원리를 근거로 한 것이 아닙니다. 오히려 교환의 원리가 작동시키고 있는 것과 동일한 원리를, 자연을 상대로 해서 전면적으로 전개시켜왔다고 할 수 있습니다.

과학과 기술에 의해 현대의 '코르누코피아'가 도처에서 계속 발견되고 있습니다. 뇌 속에서, DNA 속에서, 나아가서는 생명 그 자체 속에서, 인간은 새로운 부의 원천을 발견하려는 시도를 하고 있지만, 질문방식은 항상 동일합니다. 응답이 없음에도 불구하고 억지로 응답을 꾸며내는 방식으로, 자연은 인간에게 자신의 비밀을 완전히 드러낸 채 이야기를 하고 있는 것처럼 보입니다.

존재와 순수증여

철학자 하이데거가 의심을 품은 것은 현대에 가장 강력한 힘을 발휘하고 있는 그런 질문방식 자체의 유효성에 대해서였습니다. 1949년에 '기술에 대한 물음'이라는 제목으로 이루어진 강연에서 하이데거는, 그때까지 아무도 시도하지 않은 방법으로 사람들로 하여금 이 문제에 관심을 가지도록 하고자 했습니다.

하이데거의 '존재'라는 개념에는 우리의 순수증여라는 개념과 마찬가지로, 자신의 내면에서 나와 밖을 향해 스스로를 열어가려고 하는 힘이 숨겨져 있습니다. 지금은 아직 갇혀 있는 채 나타나지 않은 것을, 실제로 존재하고 있는 세계를 향해 모습을 드러내도록 유도해가는 것, 이것이 바로 '존재'입니다. 그것은 순수증여의 근원에 존재하는 힘이기도 합니다. 따라서 그것은 '진리'와 동일한 본질을 가지고 있는 셈입니다.

하이데거는 이런 힘을 어떻게든 요령껏 끌어내서, '존재'가 그야말로 자발적으로 우리 인간들의 세계를 향해 스스로를 열면서 모습을 드러내는 상태를 만들어내는 작용을, 고대의 그리스인들이 '포이에시스poiesis'라고 했다는 사실에 주목하도록 합니다. 그것은 바로 '자연'에서 끊임없이 발생하고 있는 현실입니다. 보통 '자연'이라고 불리는 것은 자신에게 내장되어 있는 힘과 형태에 대한 지성을 토대로 해서, 외부로부터의 도움을 받지 않고 스스로를 만들어가는 것을 의미합니다. 그렇기 때문에 포이에시스로서의 활동을 '자연'이라고 부르는 거라고 할 수도 있을 겁니다.

포이에시스란 인간이 자연의 내부로부터 자연의 비밀을 끌어내는 방식을 의미합니다. 인간이 호출을 하면 그에 응해서 자연이 자발적으로 응답하는 경우에만 포이에시스 식의 '존재' 의 출현과 발생이 가능해집니다.

따라서 그런 '존재' 의 호출을 '증여적贈與的' 이라고 표현하는 것도 가능할 겁니다. 실제로 독일어에서는 'gibt' 라는 단어가 '존재= 있다' 라는 의미와 함께 '선물하다' 는 의미를 갖기도 하는데, 그런 단어를 통해서 우리는 옛날 사람들의 섬세하고 정확한 지성의 활동을 엿볼 수가 있습니다.

그런데 여기에 '존재' 를 유인해내는 또 한가지 방법이 있습니다. '테크네techne' 라고 불리는 것입니다. 그것은 아직 우리 앞에 나타나지 않은 어떤 것을 온갖 도발과 교활한 술책을 사용해서 억지로 끌어내서라도 모습을 드러내도록 하는 방법을 지칭합니다. 자신을 부르고 있는 인간을 향해서 '존재' 가 자기 스스로를 증여하는 방식으로 자진해서 나타나기를 대범한 자세로 기다리고 있는데, '테크네' 가 다가와서 덥석 손을 붙잡고 강제로 밖으로 끌어내버린, 그런 상황을 머릿속에 상상해보면 될 겁니다.

'테크네' 역시 '진리' 를 다루기 위한 유력한 방법 중의 하나임에는 틀림없습니다. 그런데 근대에 들어서, 과학기술은 주로 이 방법을 사용해서 '자연' 의 탐구와 이용을 시작했습니다. 그렇게 되면 '스스로 그러하다' 는 의미에서의 '자연自然' 은 뒤로 물러나고, 물질적인 대상만이 '자연' 이라는 이름으로 불리게 되겠지요. 자발적인 과정에 대해서 '부정성' 이 강력한 영향력을 행사하게 되고, 그럼으로써 증여적인 본질을 가진 '존재' 는 세계의 뒤편으로 멀찌감치 물러서버리게 됩니다.

근대기술이란 무엇인가?

하이데거는 이렇게 말하고 있습니다.

> 근대기술이란 뭘까요? 근대기술도 '적나라하게 드러내기(우리나
> 라에서는 탈은폐라는 용어로 번역되는 경우가 많음—옮긴이)' 로
> 이루어져 있습니다. 이 근본적인 특성을 조용히 응시하고 있으면,
> 근대기술이라는 새로운 씨앗이 마침내 그 정체를 드러내기 시작
> 합니다.
> 근대기술은 항상 이 '적나라하게 드러내기' 라는 특성의 지배를
> 받고 있는데, 특히 현대에는 포이에시스라는 의미에서의 '존재의
> 드러남' 이라는 형태로는 전개되지 않습니다. 근대기술에 통일적
> 인 의미를 부여하고 있는 이 '적나라하게 드러내기' 라는 방식은
> 자연을 향해 운반과 저장이 가능한 형태로 에너지를 공급해야 한
> 다고 강력히 요구하고, 도발하는 방식으로 바뀌어가고 있습니다.
> 그러나 그렇다면 옛날의 풍차도 마찬가지가 아니었느냐고 말하
> 는 사람이 있을지도 모릅니다. 하지만 그것과는 다릅니다. 풍차의
> 날개는 바람에 의해 회전하며, 불어오는 바람에 몸을 내맡기고 있
> 습니다. 하지만 풍차는 에너지를 저장하기 위해서 대기의 에너지
> 를 '개발' 하거나 하지는 않습니다.
> 그런데 석탄이나 광석을 채굴하기 위해서 어떤 지역은 실제로 도
> 발을 당합니다. 그 지역은 석탄광구로 변해버리고, 그곳의 토양은
> 광상鑛床으로서 자신의 모습을 '적나라하게 드러내고' 있는 셈이
> 지요. 그렇게 되면 예전에 논밭이었던 곳은 완전히 변하고맙니다.
> 예전에는 농민이 돌보던 논밭, 그 당시에는 토양으로부터 뭔가를

만들어내는 것을 기른다거나 경작한다고 표현했던 그 논밭도 완전히 변해버립니다. 농민의 작업은 경지를 도발하거나 하지 않았습니다. 곡물의 씨앗을 뿌릴 때도 싹이 트고 안 트고는 전적으로 식물의 생장하는 힘에 맡겨져 있었습니다. 그리고 농민은 그저 번식하는 그 모습을 지켜보고 있었을 뿐입니다. 하지만 논밭을 돌보는 것 자체가 지금은 자연을 자극하는 소용돌이 속에 휘말려 버린 상태입니다. 지금의 농업 방식에서는 경지의 경작은 경지에 대해 도발을 가해서, 자연을 자극하는 행위로 변해버렸습니다. 오늘날에는 경작은 동력이 도입된 식품공업이 되어버렸습니다. (『기술에 대한 논구*Die Frage nach der Technik*』)

침묵하는 자연

하이데거가 여기서 이야기하고 있는 것은 우리에게도 심각한 의미를 갖습니다. 최근에 우리가 광우병으로 인해 엿볼 수 있게 된 문제의 본질을, 하이데거는 이미 수십 년 전에 정확하게 파악하고 있었던 셈입니다. 소나 돼지도 식용 고기로서 자신의 모습을 '적나라하게 드러내기'를 하도록 강요당하고 있습니다. 동물들은 인간으로부터 계속 위협적인 도발을 받고 있는 셈입니다. 그리고 그 도발의 수단은 점점 교묘하고 합리적으로 정비되어가고 있습니다.

　교환의 원리와 동일한 본질을 가진 '테크네'적인 근대기술을 발달시킴으로 해서, 인간은 '침묵하는 자연'을 직접 목격하지 않을 수 없게 되었습니다.

여러분은 신화적 사고가 행해지던 세계에서는 이런 광경은 절대로 있을 수 없는 광경이었다는 것을 잘 알고 있습니다. 그런 세계에서는 동물은 물론이고, 경우에 따라서는 식물도 인간과 동일한 말을 사용하고, 서로 마음이 통하는 것으로 믿어졌습니다. 자연이 인간의 말을 사용하지 않게 된 현재에도 예전의 기억이 사라지지 않고 남아 있기 때문에, 인간이 적절한 방식으로 말을 건다면 동물들도 응답해줄 거라는 확신을 갖고 있기도 했지요.

그런데 인간은 자연을 향해 적절하지 못한 방식으로 말을 거는 바람에, 자신을 둘러싸고 있는 자연 전체가 무서운 침묵을 지킨 채, 아무런 응답도 해주지 않게 되었다는 사실을 깨달아야만 합니다.

페르스발은 질문을 하지 않아 국토의 황폐화를 초래했습니다. 그런데 현대의 우리는 오히려 자연에 대해 '도발'과 '적나라하게 드러내기'라는 무리한 질문을 계속 퍼부어왔기 때문에, 이제는 자연이 응답을 중지해버린 것이 아닐까요? 페르스발과 마찬가지로 현대인도 적절한 질문을 못하고 있는 셈입니다. 우리는 그로 인해 발생되는 온갖 형태의 황폐함속으로 내팽겨쳐진 상태입니다. 우리는 과거 그 어느 때보다도 풍요로운 사회를 살아가고 있는 듯하지만, 실제로는 황폐한 나라에 거주하고 있는 셈이지요.

변함 없는 충성과 사랑을

현대에는 모든 것이 '경제'의 영향하에 있습니다. 아니 지배하에 있다고 해도 좋을지도 모릅니다. 바로 그런 경제의 시대를 살고 있기 때문에, 우리가 현재 직면하고 있는 '황폐'의 의미를 정면으로 '경제'의 문제로 다루어서 밝혀보고 싶다는 생각에서 나는 이번 학기 강의의 초점을 경제에 맞추어보고자 했던 겁니다.

그러자 곧바로 인간이 행하는 행위로서의 '경제' 현상이 교환의 원리를 중심으로 조직되어 있는 것이 아니라, 증여와 순수증여라는 다른 두 원리와 단단히 묶여 있는 전체성을 가진 운동으로 생각해야 한다는 것을 깨닫게 되었습니다. 그리고 교환의 원리에 의한 자연(이것은 인간의 내면의 자연임과 동시에, 인간의 외부에 있는 자연을 지칭하기도 합니다)에 대해 도발적인 말투로 계속 말을 거는 사이에, 자연이 무서운 침묵에 빠져 버린 이유를 분명하게 확인할 수 있었습니다. 그 이유는 바로 증여의 원리의 파괴에 있다고 할 수 있습니다.

21세기의 '인간의 학문'에서는 현재와 같은 형태의 경제학을, 여전히 미지의 영역에 속하는 이런 전체성의 일부분으로 포함시킨, 보다 확대된 개념의 새로운 '경제학'으로 창조해가야만 한다고 생각합니다.

그리고 보니 '경제'라는 단어의 어원이 된 그리스어 '오이코노모스'에는 사환이랄지 집사라는 의미가 있었습니다. 주인의 살림살이를 도와주거나 관리한다는 의미입니다. 그런 의미에서는 곡식의 씨앗을 뿌리고 기르는 농부나, 사육하고 있는 양의 관리를 책임지는 양치기 등도 오이코노모스의 주변에 있는 사람들인 셈이 되겠지요. 이런 직업들에서 무엇보다도 중요한 것은 양이 몇 마리인지를 세거나 정확하게 계산하는 능력이 아니라, 신뢰와 사랑과 배려를 바탕으로 양이나 인간이나 곡물을 대할 수 있는 능력이었습니다. 그렇지 않으면 '경제'는 제멋대로 폭주를 시작할 위험이 있기 때문입니다.

꼬마돼지 베이브가 양들한테서 배웠다는 주문이 생각나는군요. '바라뮤, 바라뮤, 양모를 몸에 걸친 친구들에게 변함없는 충성과 사랑을' 이라는 주문 말입니다. 진정한 경제의 진정한 정신은 바로 이런 거라고 할 수 있습니다.

이제 슬슬 강의를 끝내야 할 것 같군요. 여기서 내가 이야기한 것이 몇 십 년 후에 확실한 결실을 맺게 된다면 그 이상 행복한 일은 없을 겁니다. 나는 여러분에게 기대를 하고 있습니다.

2002년4월25일~7월11일, 주오中央대학에서

사랑이 깃든 경제의 시대를 향하여

나카자와 신이치 교수의 강의록 시리즈 〈카이에 소바주〉는 인류의 철학적 사고의 원형을 파헤친 제1권 『신화, 인류 최고最古의 철학』, 국가의 탄생과정과 그로 인해 야기된 '야만'을 해부한 제2권 『곰에서 왕으로?국가, 그리고 야만의 탄생』의 두 권이 이미 국내에 번역, 소개된 바 있습니다.

다양한 영역을 자유로이 넘나들며, 이종교배를 통해, 기존의 사고의 틀에서 벗어난 독특한 사고법을 제시하는 카이에 소바주 시리즈에서 나카자와 교수가 펴고 있는 일관된 주장을 한 마디로 요약하면, 그것은 우리가 당연시하고 있는 것들 대부분이 사실은 그리 역사가 오래된 것이 아니라는 겁니다. 즉 우리가 절대적인 가치를 두고 있는 것들은 기나긴 인류의 역사 속에서 과도기적인 현상에 불과하다는 점을 끊임없이 일깨워주고 있습니다.

카이에 소바주 시리즈 제3권 『사랑과 경제의 로고스』에서는 그 초점을 현대 인류의 삶에 절대적인 영향력을 행사하고 있는 경제에 맞추어, 현대의 자본주의라는 경제 시스템에 메스를 가하고 있습니다.

저자가 머리말에서 밝히고 있듯이, 이 책은 프랑스의 사회학자이자 인류학자인 마르셀 모스의 저서 『증여론』(1925년)을 토대로 해서, 새로운 증여론에 대한 탐구를 시도하려는 의도로부터 출발하고 있습니다. 선물 교환에 대한 체계적인 이론서라 할 수 있는 『증여론』은 프랑스의 수많은 사상가들에게 영향을 주었습니다. 그중에서도 특히 레비 스트로스에게 미친 영향은 중요한 의미를 갖습니다. 시리즈의 머리말에서 저자가 변함없는 존경을 선언한 바 있는 바로 그 레비 스트로스 말입니다. 따라서 우리는 모스─레비 스트로스─나카자와, 이런 식의 사상적인 흐름의 계보를 그려볼 수가 있습니다.

저자는 모스의 주장에서 한 걸음 더 나아가, 증여의 극한에 나타나는 순수증여라는 새로운 원리를 추가하였습니다. 그러면서 증여의 원리를 축으로 하여, 교환의 원리와 순수증여의 원리, 이 세 원리가 서로 단단히 얽혀 있는 상태를 가장 이상적인 사회로 간주합니다.

『증여론』에도 자주 나오듯이, 원시사회의 사람들은 만물에는 영력靈力이 깃들어 있어, 교환이나 증여가 이루어지면 영력도 '물物'과 함께 이동한다는 생각을 갖고 있었습니다. 그런데 현재의 우리 사회는 어떤가요? 모든 것이 화폐로 환산되어 정확하게 지불되는 등가等價의 교환이 주를 이룸으로써, 영력의 존재는 무시를 당하게 되었으며, 불확정한 가치를 내포한 채 서로의 마음을 연결시켜 주던 증여의 원리도 설 땅을 잃고 말았습니다.

북아메리카 인디언들의 사회에서는 순수소비와 순수증여가 만나는 공간인 포틀래치를 통해 부의 적절한 분배와 순환이 이루어졌습니다. 그러면서 증여하는 사람의 마음과 사랑을 '물' 에 담았지요. 그러나 현대에는 욕망과 집착이 사랑의 자리를 가로채, '물' 의 자연스럽고 원활한 순환을 더 이상 기대할 수 없게 되었습니다. 자본주의와 글로벌경제의 심각한 문제점으로 대두되고 있는 개인 간, 국가 간의 빈부의 격차, 그로 인해 야기되는 사회적, 정치적 문제 등을 떠올리면, 이런 식의 저자의 논리에 충분히 수긍이 갈 겁니다.

저자는 다양한 근거의 제시를 통해 정반대의 방향을 향하고 있을 것처럼 보이는 '사랑' 과 '경제' 가 동일한 방향을 향하고 있음을 밝혀갑니다. 경제에 관한 원리와 정신에 관한 원리가 동일하다는 것을 입증하기 위해, 저자는 라캉의 이론을 근거로 삼기도 합니다. 사랑이든 경제든 인간의 욕망이 중요한 요소로서 심층에 자리하고 있기 때문에 같은 법칙을 따를 수밖에 없다는 거지요.

그러면서 우리 주위에서 점점 빠른 속도로 진행되고 있는 물질세계와 정신세계의 황폐화에 대한 경고도 잊지 않습니다. 카이에 소바주 시리즈 제1권 및 제2권과 마찬가지로, 이 책에도 도처에 신화의 시각을 통해 현재를 성찰하게 하는 내용이 담겨 있는 셈입니다. 사랑이 깃들지 않은 도발적인 몰아세움으로 말수가 적어지고 있는 자연의 침묵에 귀를 기울이라는 경고는 경청할 만하다고 생각합니다. 자연과의 대화가 완전히 단절될 경우, 우리가 사는 이 땅이 신화에 등장하는 어부왕의 황폐한 대지로 바뀔 수도 있다는 거지요. 그러고 보니 '4월은 잔인한 달'로 시작되는 엘리엇의 「황무지」가 떠오르는군요. 일찍이 하이데거가 경고했듯이, 인간이 계속 기술에 의해 자연을 지배하려 들면 대지는 봄이 되어도 새로운 생명을 싹틔우지 않게 될지도 모릅니다.

　　그러면 그런 황폐한 나라로부터 탈출하기 위해서 우리는 어떻게 해야 할까요? 순수증여의 상징이었던 코르누코피아를 우리는 더 이상 가질 수 없게 된 걸까요? 그런 의문에 대한 대답으로서 저자는 농업의 중요성을 강조하고 있습니다. 즉 현대판 코르누코피아는 우리가 발을 딛고 사는 이 대지가 아닐까 하는 것이지요. 상대방을 배려하고 존중하는 마음으로 부드럽게 말을 건넨다면, 대지는 아낌없이 베푸는 순수증여를 해줄 거라는 생각입니다. 어떤 글에서 저자는 농업의 중요성을 일깨우기 위해서 자신이 지도하는 학생들에게 직접 농사를 지어보도록 한다고 하더군요. 농업은 가장 친자연적인 산업으로, 나카자와 식의 표현을 사용하면 자연과의 '대칭성'을 유지할 수 있는 산업인 셈입니다.

모스와 마르크스와 라캉을 하나로 연결시키고자 하는, 그야말로 야심 찬 시도에 의해 이 책은 탄생했습니다. 저자의 그런 시도는 때로는 거친 야생의 사고처럼 비약을 하기도 하고, 때로는 도식화된 사고처럼 지나칠 정도로 깔끔하게 다듬어지기도 합니다. 나카자와 교수의 저서들은 상호 유기적인 관계에 있으므로, 사고의 비약처럼 느껴지는 부분들은 다른 저작들을 참고함으로써 보완이 가능한 경우도 물론 있습니다. 가령 이 책과 가장 관련이 깊은 책으로는 2002년에 발표된 『녹색 자본론』을 들 수가 있습니다. 『사랑과 경제의 로고스』에서는 다소 설명 부족의 느낌이 드는 기독교와 자본주의와의 관계가 이 책에는 비교적 상세하게 다루어져 있습니다. 따라서 『녹색 자본론』을 읽으면 『사랑과 경제의 로고스』에서 비약이 일어난 부분에 대한 보완이 가능하지요.

하지만 그렇다 해도 전체적으로 볼 때 이 책에서의 논리의 전개는 치밀함보다는 과감함이 돋보이는 건 사실입니다. 전체성을 가진 운동으로서 사랑과 경제를 포괄적으로 파악하려면 어쩔 수 없었을 거라는 생각도 듭니다. 물론 저자 자신도 그런 점을 의식하지 않은 건 아닙니다. 그렇기 때문에 저자는 우리 인류의 사고의 혁명적인 발전은 오히려 무모해 보이는 과감한 시도에 의해 이루어졌다는 점을 강조하곤 하지요. 또한 당장은 무모해 보이는 시도들이 머지않은 미래에 빛을 발하게 되리라는 확신을 내비치기도 합니다. 이처럼 넓은 시야로 학문의 경계를 뛰어넘는 대담한 논리는 때로는 읽는 이로 하여금 '과연 그럴까?' 하고 고개를 갸우뚱하게 할 때도 있습니다. 하지만 새로운 틀의 밑그림을 그리는 작업에는 그런 모험심이 반드시 필요할 거라는 생각이 들기도 합니다.

요즘 그 어느 때보다도 '노블레스 오블리주'라는 말을 자주 듣습니다. 여러 도덕적 의무 중에서 경제에 국한시킨다면, 경제의 원활한 순환을 위해서는 모스가 이야기한 바와 같은 '고귀한 지출 depense noble'의 관습으로 돌아가야 한다는 공감대가 형성되어 있는 듯합니다. 즉 모스는 "부자들은 자발적으로 또 의무적으로도 자신들을 자기 동포들의 이른바 회계원이라고 생각해야 할 필요가 있다"(『증여론』, 이상률 옮김, 한길사, 2002년)고 하는데, 그 밑바탕에는 인간은 자신이 소유하고 있는 물건에 대한 완전한 지배자가 되어서는 안 된다는 의식이 내재되어 있지요. 현재 세계는 자본주의의 발달로 빈부의 격차가 날로 심화되고 있습니다. 하지만 그것을 해소할 묘안은 아직 발견하지 못하고 있는 실정입니다. 따라서 어떤 해결책을 발견하기까지는 나눔과 베품을 미덕으로서 강조하며, 도덕심에 호소하지 않을 수 없는 상황인 셈이지요.

카이에 소바주 시리즈 제1권『신화, 인류 최고의 철학』으로부터 비롯된 나카자와 교수와의 인연, 그리고 도서출판 동아시아와의 인연이 어느새 네 권 째(『불교가 좋다』를 포함해서)로 접어들었습니다. 문학을 전공한 사람으로서 나카자와 교수의 저서의 번역은 상당히 버거운 작업입니다. 스스로 공부하는 기분으로 번역에 임해왔습니다만, 게다가 이번에는 테마가 경제라니요. 갈수록 태산이라는 생각이 들었습니다. 문학과 경제는 너무도 멀게만 느껴지게 마련이니까요. 그나마 문학과 불가분의 관계에 있는 '사랑' 이라는 단어가 용기를 북돋워준 셈입니다.

경계를 넘나드는 글쓰기를 하는 나카자와 교수의 책을 번역하면서, 전공자가 아니기 때문에 라는 식의 변명은 용납되지 않을 듯합니다. 그러기에 더욱 더 긴장을 늦추지 않고 번역에 임했습니다만, 때로는 역부족을 느끼지 않을 수 없었습니다. 그런 부족한 부분들은 편집을 맡아주신 김영주 씨가 메워주었습니다. 깊이 감사드립니다.

나카자와 교수의 새로운 저서를 만나게 되면, 이번에는 또 어디로 튈지 몰라 긴장을 하게 됩니다. 시리즈 중반을 마치면서 나카자와 식의 글쓰기에 조금씩 익숙해지고 있기는 합니다. 하지만 방심은 금물입니다. 새로이 전열을 가다듬어, 이제는 3만여 년에 걸쳐 변천해온 인류의 종교적 사고를 해부한 제4권 『신의 발명』의 번역에 착수하도록 해야겠습니다.

김옥희